Peter Mugay · Die Friedrichstraße

Peter Mugay # Die Friedrichstraße

Geschichte und Geschichten

Ch. Links Verlag, Berlin

Die Deutsche Bibliothek – CIP-Einheitsaufnahme
Mugay, Peter:
Die Friedrichstrasse : Geschichte & Geschichten / Peter Mugay.–
1. Aufl. – Berlin : Links, 1991
ISBN 3-86153-025-2

1. Auflage, September 1991

© Christoph Links Verlag, LinksDruck GmbH
Zehdenicker Straße 1, O-1054 Berlin, Tel. 281 61 71

Herstellung und Gestaltung: Eberhard Delius
Satz: Theuberger Verlag GmbH, Berlin
Lithos: Duplex, Berlin
Druck- und Bindearbeiten: Kösel GmbH, Kempten

ISBN 3-86153-025-2

Inhalt

Ein Blick zurück – ganz ohne Zorn 7
Von Tor zu Tor 20
Der Belle-Alliance- oder Mehringplatz 27
Gottesacker vor den Toren 30
Die Passagen 33
Der Friedrichstadt-Palast 40
Die Weidendammer Brücke 49
Kleines Bad in der Spree 56
Verlobung an der Brücke 58
Der Admiralspalast 60
Stätte der Parteitage 65
Die Spaltung der Stadtverwaltung 69
Blick in die Historie des Admiralspalastes 73
Zehn Jahre Staatsoper-Gastspiel 75
Das Metropol-Theater........................... 79
Die »Distel«: stachlig, ansehnlich und
   unter Naturschutz 82
Bahnhof Friedrichstraße 86
Grenzübergang nach dem 13. August 1961 98
Shaw vermied Show, Chaplin in Berlin 101
Eine weltbekannte Kreuzung 105
Grand Hotel und Hotel Unter den Linden 111
Treffpunkt Linden-Corso 115
Wiener Charme im Café Bauer 117
Mit Puschel-Schal ins Kranzler 123
Wo man sich bettet 126
Wenn Otto Reutter im Wintergarten sang 133
Von einer Weltpremiere im Wintergarten
   oder: Als die Bilder laufen lernten 138
Von der Friedrichstraße 218 direkt
   auf den Mond: das Apollo-Theater 141
Rififi, Rennpferde und »kesse Jungs«
   oder: Von Restaurants, Cafés, Weinstuben
   und Kaschemmen 147
Beim Schoppen Wein und beim Likörchen 155
Der fatale Irrtum des Ludwig Ganghofer
   oder: Wie leicht sind leichte Mädchen? 158
Klänge vom Balkan 164
Grimmige Ritter an der City-Klause 165
Berliner auf der Barrikade 168
Checkpoint Charlie 180
Rußland mitten in Berlin 191

Ein Adreßbuch guter Namen: Wer an
  oder in der Friedrichstraße wohnte 195

Literaturhinweise 208
Bildnachweis 210

Ein Blick zurück – ganz ohne Zorn

Wohl oder übel müssen wir uns mit dem Gedanken vertraut machen, daß die Friedrichstraße zwar die Hauptrolle in unserer Betrachtung spielt, im Berliner Stadtbild indes als Nebenstraße eines bedeutenden Boulevards angesehen wird. Nicht die Friedrichstraße kreuzt Unter den Linden, vielmehr geschieht das umgekehrt. Doch in der Zeit des ausklingenden 17. Jahrhunderts, in die wir ein wenig zurückblicken wollen, war dies ohne jede Bedeutung; denn beide Straßen existierten noch nicht.

Es muß den Stolz der heutigen Bundeshauptstädter keineswegs berühren, daß etliche ihrer Vorfahren vor 300 Jahren als Ackerbauern und Viehzüchter ihr Tagewerk im Schweiße ihres Angesichtes auf Feldern und Weiden verrichteten, die unter anderem im Bereich der heutigen Friedrichstraße lagen. Daneben bemühten sich Handwerker und Kaufleute in verschiedenen Gilden und Zünften, mit Dienstleistungen, Reparaturen und Warenangeboten etwas für ihren Geldbeutel und etwas für das Wohl ihrer Mitmenschen zu tun.

Berlin hatte sich nach dem auszehrenden Dreißigjährigen Kriege mühsam hochgepäppelt. Zählte man nach den Raub-, Mord- und Brandschatzjahrzehnten in der Stadt an der Spree nur noch etwa 6 000 Einwohner, konnten die Volks-, Berufs- und Wohnraumerfasser des Jahres 1685 allen Wißbegierigen mitteilen, daß nunmehr 17 400 Berliner mehr oder minder vergnügt ihr Dasein fristeten. Noch einmal 15 Jahre später ermittelten die damaligen Statistiker 28 000.

Kurz gesagt: Berlin schwoll an, und die Neuberliner

Berlin nach einem Stich von 1688

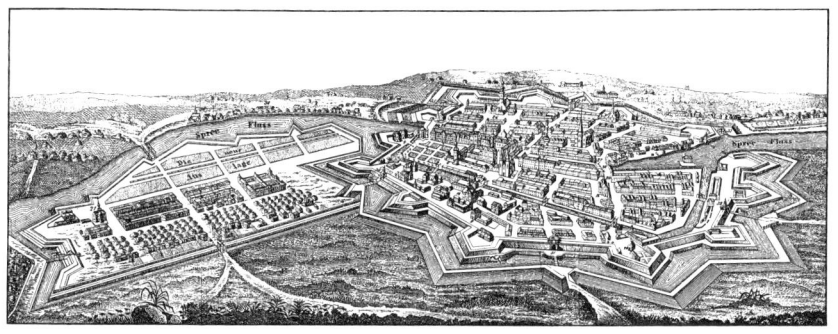

brauchten eine Bleibe. Aber wo? Guter Rat kam aus kurfürstlichem Schlosse. Friedrich Wilhelm, der Große Kurfürst, hatte ein Trauerjahr nach dem Tode seiner liebreizenden Louise Henriette im Juni 1667 die recht habgierige und dazu noch geizige Dorothea geehelicht. Weitblick allerdings besaß sie, das muß man ihr lassen. Sie verkaufte etliche ihrer Äcker im Bereich der heutigen Straßen Unter den Linden, Friedrich- und Clara-Zetkin-Straße an Bauwillige, ließ – wie uns der aktuelle Stadtplan noch immer belegt – regelmäßige Straßenzüge im Schachbrettmuster abstecken. Zudem versprach der kurfürstliche Hof mannigfaltige Vergünstigungen: Wer hier baute, erhielt unentgeltlich Holz aus des Herrschers Forsten und brauchte ein Dezennium lang keine Abgaben zu leisten. Peu à peu wuchs bei diesen guten Konditionen auf märkischem Acker die Dorotheen- oder Neustadt. Der Name Dorotheenstädtische Apotheke in der Friedrichstraße erinnert heute noch an die einstige Bezeichnung.

Kurfürstin Dorothea (1636-1689)

Die erste Dame aus dem Schlosse legte der Legende nach selbst Hand an. Als besonderen Schmuck der neugegründeten Dorotheenstadt ließ sie eine prächtige, 800 Schritt lange und aus sieben Baumreihen bestehende Allee anlegen, die von der Hundebrücke bis zum Tiergartentor, also von der nachmaligen Schloß- und späteren Marx-Engels-Brücke bis fast zum Brandenburger Tor reichte. »Die Kurfürstin«, steht in einer Historie zu lesen, »soll den ersten Baum persönlich gepflanzt haben.« So entstand die Prachtstraße Unter den Linden. Reitpfaden oder ähnlichen Vorläufern wollen wir unsere Aufmerksamkeit versagen.

Mit ihr wuchs jene Straße, der unser besonderes Interesse gilt: die Friedrichstraße. Doch halt, so hieß sie ja noch nicht. Als wichtigste Querstraße der Dorotheenstadt trug sie den naheliegenden Namen Querstraße. Sie zog sich von der Weidendammer Brücke bis zur Behrenstraße hin. Ihre zwei- bis dreigeschossigen Bauten präsentierten den Passanten nicht mehr wie bis dahin üblich die Giebel, sondern ihre mit kargem Schmuck verzierten Seitenfronten. Auf den Höfen befanden sich Stallungen und Feuerungsgelasse.

Nicht mehr lange konnte sich die erste Dame der Resi-

*König Friedrich I.
(1657-1713), König
von Preußen seit 1701
(Gemälde von Antoine
Pesne)*

denz ihres neuen Stadtteiles mit der später weltberühmten Kreuzung Unter den Linden/Friedrichstraße erfreuen. Sie verblich Anno 1689.

Die damalige Quer- und heutige Friedrichstraße durfte sich vor rund 300 Jahren keinesfalls einer stattlichen Länge oder gar einer gewissen Exklusivität rühmen. Zur Freude der Berliner, die schon immer einen guten Happen zu schätzen wußten, und zum Ärger des neuen Kurfürsten mit dem traditionellen Namen Friedrich (es handelt sich um den III., hernach König Friedrich I.) trotteten noch zum Beginn des 18. Jahrhunderts nicht selten gemeine Hausschweine die Querstraße entlang. Nun wissen wir, was die Stallungen auf den Höfen verbargen. Zudem verbreiteten Fäkalienkanäle, die Unrat aus den Häusern und Stallungen aufnahmen und die Straße entlanggluckerten, einen pestilenzartigen Gestank.

Kurfürst Friedrich III. hatte mancherlei vor. Er mochte sich sagen: Was die teure Dorothea konnte, vermag ich schon lange. Und so berief er kurzerhand eine Kommission zum Bau eines neuen Stadtteils ein, dem er höchst bescheiden seinen Namen verlieh: Friedrichstadt. Kurfürstliche Order beschied zugleich, die Querstraße umzubenennen. Friedrichs III. Gedanke läßt sich nachvollziehen: »Was heißt hier Querstraße? Ein anständiger Name muß es sein – der meinige.«

Besagter Kommission gehörten neben Obermarschall von Grumbkow zwei Fachleute an: die Baumeister Nering und Smids. Sie kauften gemäß kurfürstlichen Befehlen Äcker und Wiesen von Berlinern auf, der Kurfürst fügte seine Ländereien zwischen Kronen- und Jägerstraße (später: Otto-Nuschke-Straße) dazu. So konnte bald mit dem Bau des neuen Stadtteils und damit der Verlängerung der Straße nach Süden begonnen werden.

Große Verdienste erwarb sich der kurfürstlich-brandenburgische Oberbaudirektor Johann Arnold Nering. Von ihm stammten die Pläne für alle zu erbauenden Häuser. »Es war sogar Befehl erlassen worden«, teilt ein Chronist mit, »daß nur nach den Rissen Nerings oder wenigstens nach den von ihm gebilligten Plänen gebaut werden dürfe.« Als Nering im Jahre 1695 starb, gehörten zum neuen Stadtteil bereits 300 Häuser.

In der Friedrichstraße und den angrenzenden Gassen wohnten zu jener Zeit zahlreiche Hugenotten. Sie hatten die Einladung des Großen Kurfürsten angenommen, sich in der Mark Brandenburg und in Berlin niederzulassen, weil sie sich harten Verfolgungen ausgesetzt sahen. Natürlich ging es Friedrich Wilhelm nicht allein um eine noble Geste, er hatte auch handfeste wirtschaftliche Überlegungen. So waren mit den Hugenotten nicht selten vermögende und erfahrene Leute an der Friedrichstraße heimisch geworden: Goldschmiede, Ärzte, Perückenmacher, Schneider, Schlosser. Freiherr von Pöllnitz rühmte die Refugiés: »Wir haben ihnen unsere Manufakturen zu danken, und sie gaben uns die erste Idee vom Handel... Sie haben Überfluß und Wohlstand eingeführt... Durch sie kam der Geschmack an Künsten und Wissenschaften

EIN BLICK ZURÜCK – GANZ OHNE ZORN 11

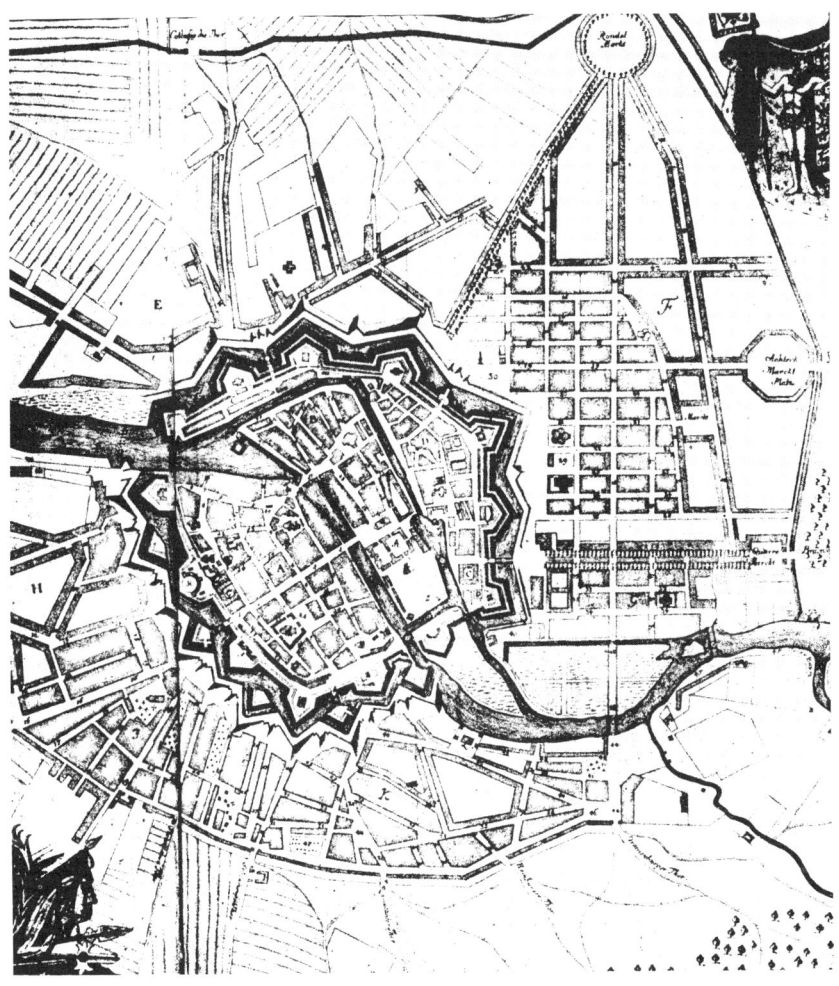

Plan von 1737 (oben das südlich gelegene Hallesche Tor)

zu uns. Sie milderten unsere rauhen Sitten.« Was letztere betrifft: Lange ließen sie sich nicht mildern.

Das bewies sich schon an jenem Regenten, der 1713 das Zepter übernahm und gegen einen Knotenstock austauschte. Friedrich Wilhelm I. überraschte alle eitlen, bequemen und feierwütigen Berliner zu seinem Amtsantritt mit der Botschaft: »Mein Vater hat euch mit Ruten gezüchtigt, ich aber werde euch mit Skorpionen züchtigen.«

Dementsprechend agierte der Soldatenkönig auch beim Ausbau der Friedrichstadt. Dabei entwickelte er recht eigenwillige Ermunterungs- und Überzeugungsmethoden.

Am 3. August des Jahres 1731 stürzten Einwohner der Friedrichstraße ob unziemlichen Lärmes aus ihren Häusern. Der Soldatenkönig hatte etliche seiner »Langen Kerls« dazu abkommandiert, »alle alten Häuser einzuschlagen, um die Leute zum Bau zu forcieren«. Als solches Tun die Berliner nicht gerade zum emsigsten Bauen an der Friedrichstraße hinriß, verabreichte er nach der Peitsche ein Zuckerbrot: Ähnlich wie zuvor Dorothea stellte er Bauwilligen mancherlei Vergünstigungen in Aussicht. Das wirkte prompt, und die Friedrichstraße wuchs bis zum Halleschen Tor um ein beträchtliches Stück weiter.

Der Schriftsteller und Publizist August Friedrich Julius Knüppeln äußerte sich schon im Ausklang des 18. Jahrhunderts lobend über sie. In seiner »Charakteristik von Berlin« schrieb er: »Die Friedrichstraße ... hat die schöne perspektivische Vue, besonders in Wintertagen, wenn die Laternen angesteckt sind, und die schönen Gassen, die sie durchschneidet, geben dem Auge einen angenehmen Anblick.«

Zu einer Zeit, da sich die Berliner längst an die neue Straße mit dem Namen Friedrichs gewöhnt hatten, schlummerte ihr künftiger nördlicher Teil jenseits der Spree noch im ländlich-provinziellen Schlaf. Wer dorthin wollte, mußte sich einer hölzernen Brücke anvertrauen, einer Vorläuferin der heutigen Weidendammer Brücke. Der hier Wandernde verlor sich alsbald in märkischer Landschaft.

Friedrich Nicolai, Schriftsteller und Verleger der Aufklärungszeit, verdanken wir Schilderungen über besagte Gegend. Ihm zufolge trug die jetzige Friedrichstraße in jenem Bereich noch den Namen Dammstraße. Sie zog sich von der Spree bis zum Oranienburger Tor. Neben Gärten und Feldern erhoben sich eben an der Stelle, an der uns heute das Ballett des Friedrichstadt-Palastes erfreut, die Kasernen für das II. Königliche Artillerieregiment immerhin vier Stockwerke hoch. In den ausgedehnten Kasernenanlagen von Boumann d. Ä. erlitt später das

Handwerker in der Friedrichstraße: Holzschneider, Zimmerleute, Maurer (Radierungen von Johann Wilhelm Meil, 1761)

Plan von 1778, Ausssschnitt

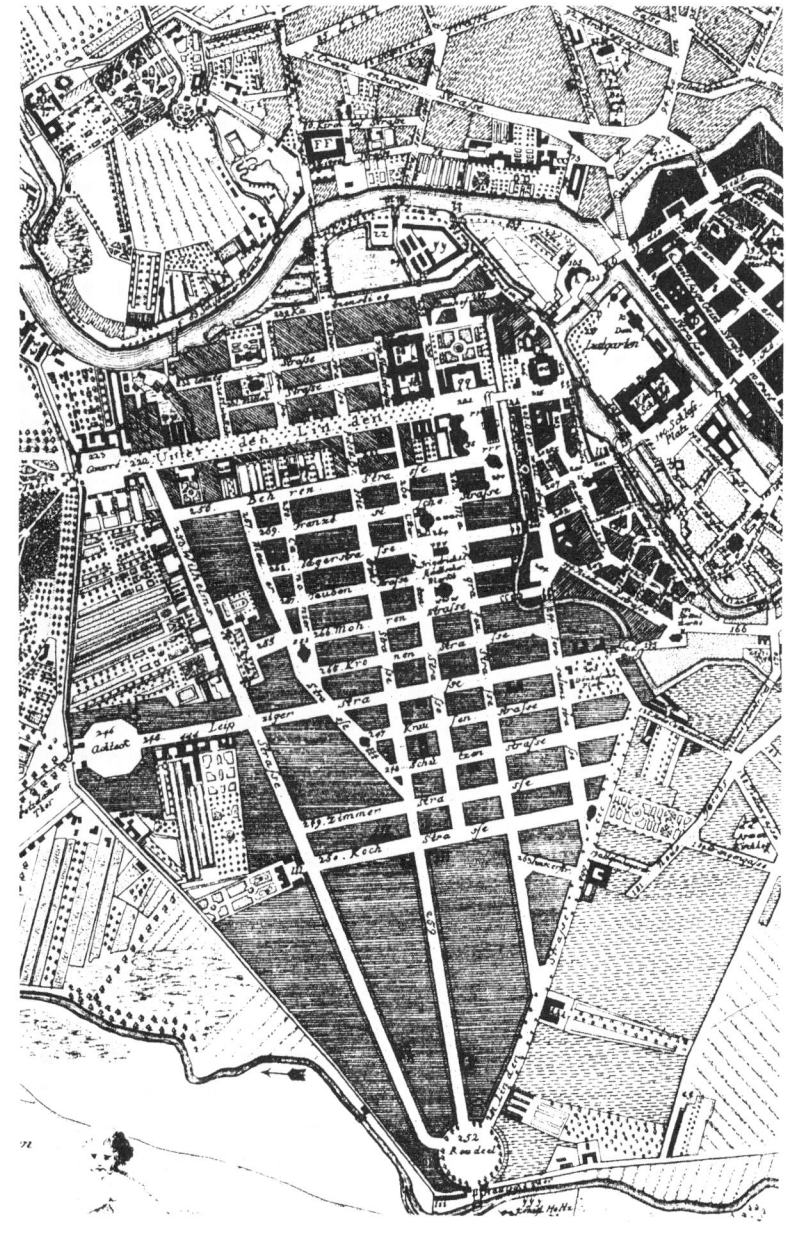

II. Garde-Regiment zu Fuß preußischen Drill. Berliner Mund nannte die Soldaten »Schimmelklopfer«, was den baulichen Zustand der Kaserne treffend charakterisierte. Unweit vom Oranienburger Tor hatte sich ein Salzschiffahrts-Büro etabliert. In der Ziegelstraße bot eine Kalkbrennerei – daher der Name – etlichen Berlinern Arbeit und damit Brot.

Auch der nördliche Teil der Friedrichstraße entstand keinesfalls in einem Zuge. Wuchs zu Beginn des 19. Jahrhunderts westlich die einst so genannte Friedrich-Wilhelm-Stadt (rund um die heutige Charité) empor, so gesellte sich östlich auf einem Teil der ehemaligen Berliner Feldmark die sogenannte Spandauer Vorstadt hinzu. Hauptstraße des erstgenannten Stadtteiles war nicht die Friedrich-, sondern die nach der Gemahlin des Königs benannte Luisenstraße (später: Hermann-Matern-Straße). Seinen Namen erhielt der Stadtteil im Jahre 1828

Kaserne des II. Garde-Regiments-zu-Fuß in der Friedrichstraße 103-107, zwischen Johannis- und Ziegelstraße

Stammhaus der Berliner Borsigwerke, Chausseestr. 1, Beispiel frühester Industriearchitektur, um 1860

nach dem preußischen König Friedrich Wilhelm III., der dank einer Friedensperiode von 1815 bis 1840 seine Residenz gehörig ausbauen lassen konnte.

Übrigens sind die anderen Straßen vor allem nach Prinzen und Prinzessinnen benannt: Karl-, Albrecht-, und Marienstraße. Lediglich die Schumannstraße macht eine Ausnahme. Sie ehrt einen Seifensieder, der dort einige Häuser errichtete.

Vor dem Oranienburger Tor wuchs in den zwanziger Jahren des vorigen Jahrhunderts vor allem mit der »Neuen Berliner Eisengießerei« ein wichtiges Berliner Industriezentrum. Hier baute August Borsig seine erste Dampfmaschine und seine erste Lokomotive. Hier begründete er sein Unternehmen, von dem das Borsighaus in der Chausseestraße noch immer steht.

Der Milliardensegen nach dem Deutsch-Französischen Krieg löste die fieberhafte Hektik der Gründerjahre aus. Nahezu steil aufwärts ging es auch in und mit der Friedrichstraße. Das kaiserliche Berlin liebte es pompös, mitunter bombastisch. Goldene Dächer, marmorne Säulen und schmuckreiche Fassaden – man sparte nicht. Im Gegenteil: Darf's ein bißchen teurer sein? Baulöwen witterten ihr großes Geschäft, bewiesen jedoch zum Gaudi von Neidern manchmal kein gutes Gespür. Einer

Friedrichstraße Ecke Jägerstraße, 1865

zeitgenössischen Schrift ist zu entnehmen: »Da der Baugrund in dieser Stadtgegend aber größtenteils sumpfig war und die mächtigen Häuser nicht tragen konnte, so hatten sich viele Bauspekulanten arg verrechnet, und manche verloren dabei ihr ganzes Vermögen.« Bedrohliche Auswirkungen des Sumpfes bekamen wir in unseren Tagen noch zu spüren: Der alte Friedrichstadt-Palast mußte abgerissen werden, weil die Gründungspfähle faulten.

Manche meinen, der Segen des vielen Geldes geriet

Die Reitendende-Artillerie-Kaserne, Friedrichstraße 118, 1856

Dasselbe Gebäude, nun von Mietshäusern überragt, 1887

Häusertelegramm Nr. 118 (nicht erhalten)

Zwischen 1800 und 1802 entstand am Oranienburger Tor – gewissermaßen der ehemaligen Vertretung der Bundesrepublik in der Hannoverschen Straße vorgelagert – eine Kaserne für die reitende Garde-Artillerie. 1889 ist der Bau abgebrochen worden. Ab 1887 konnten die Berliner nebenan in die Destillation des Herrn Löwenstamm einkehren oder ein Atelier künstlicher Zähne aufsuchen.

teilweise zum Unsegen. Nicht zuletzt, weil die Moral perdu ging. Und: Weil die Kontributionszahler nichts vergaßen, wie der Versailler Vertrag nach dem ersten Weltkrieg belegte.

»Für jedes anständig empfindende Gemüt hatte dieses lärmend brandende Treiben in der Friedrich- und in der Leipziger Straße etwas ungemein Abstoßendes, ja etwas Anwiderndes«, schrieb sich Isidor Kastan 1919 seine Entrüstung von der Seele. »Die unverhüllte Schamlosigkeit, die nackte Roheit machten sich hier breit, ohne auch nur eine leiseste Beimischung von versöhnendem Humor. Berlin war sozusagen in die Flegeljahre seines überrasch erworbenen Reichtums getreten.«

Dabei flegelte sich die Friedrichstraße erst richtig nach dem ersten der beiden Weltkriege. Isidor sei's geklagt, mögen die einen sagen, zum Glück, die anderen. Zwischen Oranienburger und Halleschem Tor plusterte sich die Straße mit eleganten Hotels, teuren Restaurants, frechen Kabaretts und spritzigen Varietés, mit exklusiven Geschäften, die jeden Anspruch befriedigten. Das taten auf ihre Art die Damen eines bestimmten Gewerbes nicht minder.

Gar zu gern verband sich in dieser einzigartigen Berliner Straße die Lebe- mit der Halb- und Unterwelt. Zwei, drei nächtliche Stationen weiter, landete der Mann im Gehpelz zu mitternächtlicher Stunde in einer Kaschemme mit berüchtigtem Hinterzimmer.

In der Friedrichstraße verdienten sich die zwanziger Jahre ihr Attribut »golden«, obwohl der Talmiglanz nicht zu übersehen war. Klaus Mann schilderte es so: »Millionen von Unterernährten, korrumpierten, verzweifelt geilen, wütend vergnügungssüchtigen Männern und Frauen torkeln und taumeln dahin im Jazz-Delirium. Der Tanz wird zur Manie, zur idée fixe, zum Kult. Die Börse hüpft, die Minister wackeln, der Reichstag vollführt Kapriolen. Kriegskrüppel und Kriegsgewinnler, Filmstars und Prostituierte, pensionierte Monarchen (mit Fürstenabfindung) und pensionierte Studienräte (völlig unabgefunden) – alles wirft die Glieder in grausiger Euphorie. Die Dichter winden sich in seherischen Konvulsionen; die ›Girls‹ der neuen Revuetheater schütteln animiert das Hinterteil. Man tanzt Foxtrott, Shimmy, Tango, den altertümlichen Walzer und den schicken Veitstanz. Man tanzt Hunger und Hysterie, Angst und Gier, Panik und Entsetzen... Ein geschlagenes, verarmtes, demoralisiertes Volk sucht Vergessen im Tanz.«

Tanz auf dem Vulkan – ahnten die Dichter seherisch seine bevorstehende Eruption? Der zweite Weltkrieg bombte die Friedrichstraße nahezu an ihren Anfang zurück. Bis heute hat sie sich von diesen Schlägen nicht erholt. Narbenübersät erzählt sie ihre leidvolle Geschichte,

Häusertelegramm Nr. 240/241 (nicht erh.)
Die Buchdruckerei und Kunstanstalt Büxenstein bezog 1896 ihren Häuserkomplex (Entwürfe Rosemann & Jacob) nahe am Belle-Alliance-Platz. Sie richteten das Vorderhaus und das erste Hinterhaus mit den verbindenden Seitenflügeln zu Wohnzwecken ein. Die Werkstätten befanden sich in den Hintergebäuden am zweiten und dritten Hof.

Blick in die Friedrichstraße von Süden aus bis hin zum Bahnhof; im Vordergrund die Siegessäule auf dem Mehringplatz (früher Belle-Alliance-Platz), 1957

die ihr weitere tiefe Wunden gefügt hat: am 17. Juni 1953, am 13. August 1961. Die Mauer zerteilte die Straße, die Stadt, das Land. In ihr begann das Sozialismus-Experiment auf deutschem Boden. Investruinen künden von seinem Scheitern. Sie machten in der Welt keine Schlagzeilen, wohl aber der Checkpoint Charlie als Grenzübergang an der Friedrich- Ecke Zimmerstraße.

Groß war die Vergangenheit der Friedrichstraße, nahezu nichtig ist ihre Gegenwart. Ihre Chance liegt in der Zukunft.

Plan, um 1900

Von Tor zu Tor

Dereinst begann die Stadt an einem Ende der Friedrichstraße, und sie endete am anderen. Jedenfalls schlossen in der Nord-Süd-Richtung zwei Stadttore die Straße ab und die Bewohner ein. Daran erinnern die Namen der U-Bahn-Stationen Oranienburger und Hallesches Tor. Zudem eine Giebelmalerei an der Friedrich- Ecke Wilhelm-Pieck-Straße (früher: Elsässer Straße) und beachtliche Reste des Originals in Groß-Behnitz. Borsig hatte nicht mitansehen wollen, daß die Anlage unter den Hammer kommen und auf Nimmerwiedersehen verschwinden sollte. Kurzerhand kaufte er das Oranienburger Tor und ließ es auf seinem Anwesen in besagtem märkischem Dorf wieder aufstellen. Wanderer, kommst du nach Groß-Behnitz, säume nicht zu staunen: Neben dem Brandenburger Tor existiert ein weiteres. Wer weiß das schon! Ob es einmal wieder zurück nach Berlin findet?

Die Geschichte des Oranienburger Tores hob mit königlichem Unwillen an. Friedrich Wilhelm I. verdroß die Flucht seiner Soldaten so sehr, daß er 1734 die Friedrich- und die Dorotheenstadt durch Palisaden sichern ließ. Sie hätten allerdings Feinde von außen nicht abhalten können und weisen damit eine bemerkenswerte Parallele zur späteren Berliner Mauer auf. Wer sie zu passieren gedachte, dem standen 14 Land- und zwei Wassertore sowie vier Pforten zur Auswahl.

Dieses Begehren hatte im Juli 1817 nach beschwerlicher Postreise der romantische Dichter und Kunstgelehrte Per Daniel Amadeus Atterbom. Er gewahrte am

Reste des Oranienburger Tores in Groß-Behnitz

VON TOR ZU TOR 21

Oranienburger Tor »eine große Masse Steinhäuser« und nahm indigniert einen »Haufen ... Milchmädchen« zur Kenntnis, die er ungeniert, ungalant und unromantisch als »unförmliche Wesen in breiten Unterröcken und schwarzen Hüten mit großen schlaffen Krempen« bezeichnete. Er bestach den Zöllner mit vier Groschen und zog in die »stolze preußische Hauptstadt« ein.

Milchmädchen wie diese und andere Frauen der Stadt sorgten am 19. April 1847 auf dem Markt am Oranienburger Tor für Aufsehen. Nach einer schweren Mißernte wollten Händler aus der Not ihrer Mitmenschen noch Gewinn ziehen. Sie setzten den Preis für eine Metze Kartoffeln unerschwinglich hoch, was zu zornigen Äußerungen der Verkäuferinnen führte. Als ein Höker Spott und Hohn dazusetzte, packten ihn die Frauen. Sie verprügelten den Händler, verstreuten seine Kartoffel- und Gemüsevorräte auf dem Markt. Damit nicht genug. »Wie eine Sturmflut durchzog der Weiberhaufe«, so ein Historienschreiber, »verstärkt durch Gassenjungen, Lehrburschen und arme Frauen ... zu mehreren Tausenden angewach-

Das Oranienburger Tor, 1796

Milchmädchen mit Hundegespann zum Transport der Milchkannen, um 1830 (Lithographie von Franz B. Dörbeck)

sen, die Straßen Berlins, von einem Wochenmarkt zum andern eilend, um überall das gleiche Schauspiel aufzuführen.« An den nächsten Tagen sahen sich vornehmlich Bäcker und Fleischer ähnlichen Attacken ausgesetzt. Am vierten Tag beendete Militär die »Kartoffelrevolution«. Ein knappes Jahr darauf sollte es in der Friedrichstraße, in der ganzen Stadt erneut zu einer Sturmflut kommen.

Am entgegengesetzten Ende der Friedrichstraße stand das Hallesche Tor. Wie weit lagen die beiden voneinan-

Das Oranienburger Tor, 1866

der entfernt? Oder: Wie lang ist eigentlich die Friedrichstraße? Der Baedeker legt sich nicht fest. Die erste Ausgabe von 1878 verzeichnet eine Länge von 3,3 Kilometern, dagegen läßt die Edition von 1936 die Straße auf drei Kilometer schrumpfen, während der Herausgeber 1991 auf 3,5 Kilometer kommt. Wollen wir Leopold Freiherrn von Zedlitz glauben, der sich 1834 auf Küsters »Altes und Neues Berlin« beruft und mitteilt: Die Friedrichstraße »ist zwei italienische Meilen lang; deutlicher läßt sich diese Länge mit 850 Rheinländischen Ruthen oder 5 600 Schritten oder 10 200 Fuß bezeichnen, welches also so viel als zwei neue englische Meilen oder fast eine halbe geographische deutsche Meile, von denen 15 auf einen Grad gehen, beträgt.« Na bitte, da sind wir doch bestens orientiert und machen uns 5 600 Rheinländische Fuß auf nach Süden, zum Halleschen Tor. Oder – wie war das noch?

Erwähnter Herr von Zedlitz weiß auch einiges von diesem Tore. Es sei eine »sehr einfache Eingangspforte« aus dem Jahre 1782, die man 1829 erweiterte. Jedoch mußte er räsonieren: »Das Ansehn des Thores würde außeror-

Der Einzug der Salzburger Protestanten durch das Hallesche Tor am 30. April 1732, Kupferstich

Das Hallesche Tor, um 1740

dentlich gewinnen, wenn mit dem alten unscheinbaren Wachthause ein Neubau vorgenommen würde.« Dies geschah 1879 nach Plänen von Johann Heinrich Strack. Seine zwei Torgebäude gefielen mit Säulenhallen, einfachen Bogenfenstern und von Halbsäulen umrahmten Dreifenstergruppen. Im Erdgeschoß etablierten sich Händler, im Obergeschoß zahlreiche Geschäftsleute. Darstellungen der vier Jahreszeiten von den Bildhauern Drake und Pohlmann befanden sich über den Eckpfeilern der Vorhalle.

Das Hallesche Tor, um 1830

Friedrich II. (1712-1786), König von Preußen seit 1740 (von A. Menzel)

Wie sein Pendant sollte auch das Hallesche Tor vor allem Soldaten an der Flucht hindern. Order vom 6. Januar 1751: »Die Wachen ... geben wohl Acht auf den Bauernwagen, daß sich auf selbigen kein Soldat schleicht, der keinen Paß hat.« Befehl vom 11. März 1783: »Die Unteroffiziere auf denen Wachten, nebst den Gefreiten und Schildergästen müssen sehr genau Acht haben auf die großen Frauenzimmer, damit sich kein Soldat verkleidet herausschleicht.«

Sehr oft passierte Friedrich II. das Tor, wollte er nach

Das Hallesche Tor am Morgen des 4. März 1813; die Nachhut der ausmarschierenden Franzosen wird von Kosaken angegriffen

Potsdam oder von dort zurück nach Berlin. Wenn irgend möglich, ritt er. Die Kutsche zu besteigen, hielt er eines Soldaten für unwürdig. General von der Marwitz erlebte am 21. Mai 1785 den letzten Ritt des Alten Fritzen von Potsdam nach Berlin. Er war seinem König zum Halle-

Am Halleschen Tor, Auffahrt zur Parade auf dem Tempelhofer Feld, um 1890

26 VON TOR ZU TOR

Das Hallesche Tor, 1913

schen Tor entgegengeeilt. Da sah er ihn auch schon kommen, »auf einem großen weißen Pferde, ohne Zweifel der alte ›Condé‹...; denn er hat seit dem bayerischen Erbfolgekrieg beinahe kein anderes Pferd mehr geritten«. Im Gefolge des Königs Generäle, Adjutanten und Reitknechte. Überall standen Berliner. »Der König ritt allein vorn und grüßte, indem er fortwährend den Hut abnahm... Er hat ihn vom Halleschen Tor bis zur Kochstraße gewiß zweihundertmal abgenommen.«

Zwei Dutzend Jahre später zogen Major von Schill und sein Husarenregiment durch das Tor hinaus, durch das 1806 napoleonische Truppen in die Stadt eingedrungen waren. Major von Schill und seine Husaren konnten die Erwartungen der Berliner auf Beseitigung der Fremdherrschaft nicht erfüllen. Erst in der Nacht zum 4. März 1813 verließen die Franzosen Berlin durch das Hallesche Tor, derweil von Norden her russische Truppen als »Engel des Lichts« befreiend in die Stadt drangen und der Nachhut der Franzosen beträchtliche Verluste zufügten.

Der Belle-Alliance- oder Mehringplatz

Als Erinnerung an den 1815 siegreich beendeten Freiheitskrieg erhielt der Platz vor dem Halleschen Tor den Namen Belle-Alliance-Platz. Er bestand seit 1730 und trug die Bezeichnung »Rondell«. Als runder Platz hob er sich ab vom quadratischen Pariser Platz und vom achteckigen Leipziger Platz – beide etwa zur gleichen Zeit angelegt. Zunächst säumten 23 Häuser das Rondell, das abwechselnd Soldaten zum Exerzieren und Bauern als Wochenmarkt diente. Viele rühmten die schöne Aussicht in die sternförmig vom Platz ausgehenden Wilhelm-, Friedrich- und Lindenstraße sowie das eigentümliche Echo.

Dreißig Jahre nach der Flucht der Franzosen aus Berlin ist auf dem Belle-Alliance-Platz in der Achse der Friedrichstraße eine Friedenssäule aus poliertem bräunlichem Granit enthüllt worden: am 3. August 1843. Auf dem Meisterwerk der Cantianschen Steinwerkstätten thront eine schwebende Viktoria von Christian Daniel

Panzersperre an der Belle-Alliance-Brücke im Hintergrund das zerstörte Hallesche Tor, 1945

Das Rondell, um 1740 (Lithographie von C.H. Horst)

Belle-Alliance-Platz mit Friedenssäule, Blick in die Friedrichstraße um 1880

Rauch. Sie trägt Palmenzweig und Olivenkranz. Vier allegorische Figurengruppen aus Marmor komplettierten ab 1876 die Säule. Sie versinnbildlichten die siegreichen Nationen: Preußen mit Adler, England mit Löwen, Hannover mit Pferd und die Niederlande mit Löwen. Zu erwähnen sind noch zwei Frauenfiguren, die den Frieden und die Geschichte verkörpern.

Auch der Belle-Alliance-Platz verlor im zweiten Weltkrieg sein viel gerühmtes Gesicht. Die Torhäuser von Strack sind zerstört, ebenso wesentliche Teile des Friedensmales. Die bewunderte Aussicht ist nicht mehr zu genießen, weil Stadt(ver)planer die Wilhelm- und die

Vier die Siegermächte der Befreiungskriege (1813-1815) symbolisierende Skulpturengruppen

Lindenstraße abknickten. Glücklicherweise deutet ein fünfgeschossiger Neubaukomplex den Ring noch an. Baupläne für den jetzigen Mehringplatz – auch im einst anderen Teil der Stadt geschahen Namensänderungen – lieferten Hans Scharoun, Werner Düttmann und andere. Einige gesichtslose Hochhäuser muten wie ein baulicher Sündenfall an.

Wochenmarkt auf dem Belle-Alliance-Platz mit vorbeiziehendem Militär, 1887

Luftaufnahme vom Mehringplatz, um 1980

Gottesacker vor den Toren

Ihren letzten Gang traten die meisten Berliner von einst durch eines der beiden Stadttore an der Friedrichstraße an. Vor dem Oranienburger Tor liegen der Friedhof der Dorotheenstädtischen und Friedrichswerderschen Gemeinde sowie der Friedhof der Französisch Reformierten, vor dem Halleschen Tor die Friedhöfe der Dreifaltigkeitsgemeinde, der Jerusalems- und der Neuen Kirchengemeinde, der Böhmischen Gemeinde und der Brüdergemeinde. Ihre Begräbnisbücher lesen sich wie ein Adreßbuch guter Namen: Schinkel, Rauch, Schadow, Hufeland, Strack, Devrient, Chodowiecki, Knobelsdorff, Iffland, Heim, Gilly, Stephan, Varnhagen von Ense, Chamisso, Glaßbrenner, Langhans und viele andere. Sie ruhen neben unbekannt gebliebenen Berlinern.

Um auf den Gottesacker zu kommen, mußten die Leichenzüge durch die Friedrichstraße ziehen. Zeitbetrachter Friedrich Saß beobachtete sie und machte sich kritische Gedanken um fragwürdigen Kult und ungehörigen Aufwand. So rollte etwa ein größerer Leichenwagen in Form eines kolossalen Sarges gen Oranienburger Tor, gezogen von vier schwarz behängten Pferden, geleitet von zwölf Trägern, voran ein Leichenführer und gefolgt von acht Trauerkutschen. 50 Reichstaler mußten dafür auf den Tisch des Bestattungsunternehmens gelegt werden.

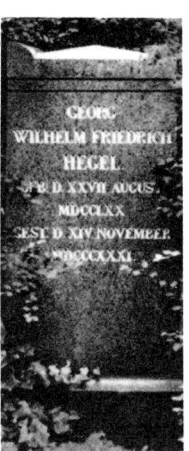

Grabmale auf dem Dorotheenstädtischen Friedhof:
Heinrich Mann, Georg Wilhelm Friedrich Hegel, Karl Friedrich Schinkel, J. G. Schadow, Christian Daniel Rauch, Helene Weigel und Bertolt Brecht

Die Friedrichstraße in der Literatur:

Wilhelm Adolf Ermans (1850-1932)

*Unsere Wohnung lag in der Großen Friedrichstraße Nr. 122, dicht an dem hübschen Oranienburger Tor. Die Oranienburger Straße und die Linienstraße vereinigen sich uns gegenüber in einem kleinen Platze, und wir sahen die ganze Oranienburgerstraße herunter. Als meine Eltern, die vorher in der Heiligen-Geist-Straße und in der Spandauer Straße gewohnt hatten, 1847 dorthin zogen, war in der Familie ein allgemeines Entsetzen; sie zogen ja so weit heraus, daß eigentlich niemand mehr zu ihnen kommen konnte. Am Tor und an der Stadtmauer hörte eben wirklich damals die eigentliche Stadt auf; draußen lagen die großen Eisengießereien, die Kirchhöfe und das Arbeiterviertel.
Unser Haus hatte den großen Vorzug, nach hinten einen Garten zu haben. (...) Hinter den Häusern der geräuschvollen Friedrichstraße war eine große Oase mit Bäumen und Vögeln.*

(Aus: Mein Werden und Wirken, 1929)

Über den »großen« und »mittleren« Leichenwagen ging es in der sozialen Stufenleiter hinunter zum »kleinen Leichenwagen« in erbärmlicher Gestalt eines viereckigen Kastens. Nur zwei Pferde wurden eingespannt, lediglich zwei Begleiter trabten nebenher, und eine einzige Kutsche folgte. Dieser diente auch als »Armenleichenwagen«. Zu ihm gehörten ein Träger und keine Kutsche. An eben diesem Armenleichenwagen haftete das fürchterliche Vorurteil der Schande.

Einigermaßen wohlhabende Berliner wollten ihre teuren Toten unbedingt erster Klasse die Friedrichstraße entlangrollen. »Es gibt nicht wenige Familien, die sich mit großer Kaltblütigkeit für ein ›anständiges‹ Begräbnis ruinieren oder doch ihr Leben lang hohe Summen für teure Sterbekassen zahlen, um einen komischen Aufzug in das stille Straßenleben der Residenz zu bringen.« Spöttisch bemerkt Friedrich Saß: »Wenn ein Fremder in Berlin einem Leichenzug begegnet, der sich in einer ganz unendlichen Wagenreihe die lange Friedrichstraße hinunterwälzt, nach dem Halleschen Tore zu, auf den Kirchhof, wo Schleiermacher, Hegel und Marheineke ruhen, so fragt er vielleicht, um welche Nobilität ist Berlin, Deutschland, Europa ärmer geworden? Und er erfährt, daß man einen stillen Schneider oder Schlächter ins Grab bringt, von dem niemand, solange er lebte, etwas wußte.«

Mit allergrößtem Respekt für Friedrich Saß: Bei Hegel

hat er sich geirrt. Der große Philosoph ruht vor dem Oranienburger Tor auf dem Friedhof der Dorotheenstädtischen und Friedrichwerderschen Gemeinde.

Bevor wir uns beim Flanieren durch die Friedrichstraße hier und da in Raum und Zeit verlieren, seien zwei einst vielen Berlinern geläufige Merkverse für die Nebenstraßen genannt. Der ältere begann am Bahnhof:

Nebenstraßen sind:
Georgen – Letzte (Dorotheen) – Mittel – Lind,
Behren – Franz; merk auf mein Sohn:
Jäger – Tauben – Mohren – Kron –
Leipziger Straße und dann noch
Krausen – Schützen – Zimmer – Koch.

Neueren Datums ist dieser, den wir Dr. med. Julius Frey verdanken. Er bezeichnet sich als Kind der Friedrichstadt: aufgewachsen im 1943 zerbombten Haus Friedrich-/Ecke Taubenstraße, zur Schule gegangen im Friedrich-Wilhelm-Gymnasium Friedrich-/Ecke Kochstraße, eingesegnet im Berliner Dom, Medizin studiert an der Friedrich-Wilhelm-Universität. Die Großeltern mütterlicherseits waren Besitzer des Hotels Friedrichshof am Bahnhof. Seine Mutter brachte ihm diesen Vers bei:

Unter den Linden
da tanzen die Behren
und sprechen französisch.
Dann kommen die Jäger
und schließlich die Tauben
und setzen den Mohren
die Kronen auf.
Darüber werden die Leipziger
Kraus,
und die Schützen
und die Zimmerer
jagen den Koch
nebst Puttkamer
und Bessel
zum Halleschen Tor hinaus.

Nach dieser Einstimmung lassen wir uns überraschen, wer und was uns zwischen Oranienburger und Halleschem Tor begegnen wird.

Skizze aus einem Straßenführer von 1925

Die Passagen

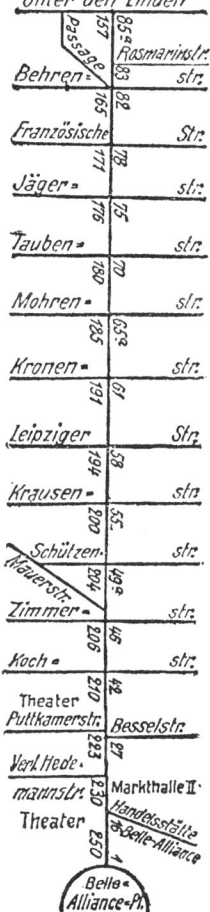

Friedrichstraße Ecke Behrenstraße, Eingang der Passage

Zu den Glanzpunkten der Friedrichstraße von einst zählten ohne Zweifel die heute noch gerühmten Passagen. Ein wenig neidisch hatten die Altvorderen nach Mailand geblickt, wo die Galleria Vittorio Emanuele auch bei widrigem Wetter zum Schauen und Kaufen einlud. Der Norden des Kontinents war in dieser Hinsicht mit der Passage St. Hubert in Brüssel der Spreestadt ebenfalls voraus. Andere europäische Metropolen nicht minder. Das sollte und durfte so nicht bleiben.

Zwischen Johannis- und Oranienburger Straße wuchs

1908/09 ein Passage-Kaufhaus nach Plänen des Architekten Ahrens in die Höhe. Mit einem Kostenaufwand von sieben Millionen Reichsmark entstand in der Friedrichstraße 110-112 eines der ersten Berliner Bauwerke aus Stahlbeton, das eine Betonrippen-Kuppel von 50 Metern Höhe und einem Durchmesser von mehr als 28 Metern trug. Schräg durch den Gebäudekomplex verlief ein Durchgang zur Oranienburger Straße. Indes, die Herrlichkeit verlor sich bald. 1914 machte das Kaufhaus – nebenbei bemerkt der für längere Zeit letzte baupolizeilich genehmigte Passagenbau für Berlin – schlicht Pleite. Für »'n Appel und 'n Ei« erwarb es der AEG-Konzern. Er funktionierte das Gebäude zu einer Lehr- und Ausstellungsschau seiner Erzeugnisse um und nannte es »Haus der Technik«. Der zweite Weltkrieg hinterließ an dem Komplex seine Spuren. Letzte Reste stehen noch.

Die eigentliche Friedrichstraßen-Passage aber befand sich weiter südlich.

Wie so vieles ist auch dieses eine Frage der Ansicht: Zierte die einst so berühmte Passage eigentlich die Straße Unter den Linden oder gehörte sie zu den Attraktionen der Friedrichstraße? Die Passage zog sich als Einkaufs-, Amüsier- und Flanier-Durchgang je nach Ansicht von der Friedrich- Ecke Behrenstraße bis zur Prachtallee – oder eben umgekehrt.

Bei der Gründung dieser Großstadt-Attraktion witterten etliche ein großes Geschäft. Sie gedachten mit einigen Transaktionen vom Schreibtisch aus gehörig Profit zu machen. Ihnen ging es schlicht und einfach darum, entsprechende Grundstücke – notfalls über Strohmänner – möglichst billig aufzukaufen, um sie dann der gegründeten Passage-Gesellschaft zu einem möglichst hohen Preis zu verkaufen. Da zudem Kaiser Wilhelm II. als Aufsichtsratsmitglied der Passage-Gruppe angehörte und demzufolge die Passage-Pläne unumstößlich waren, mußte das Geschäft ja klappen. Einer derjenigen, die sich an der Passage gesund stießen, war der Häuser- und Bauspekulant Munk.

Nach Plänen der Architekten Walter Kyllmann und Adolf Heyden fand der Bau zwischen 1869 und 1873 statt, etwas verzögert durch den geldbringenden Deutsch-Französischen Krieg. Die Galerie im Renaissancestil mit

Häusertelegramm Nr. 165 (erhalten)

Eines der vornehmsten Bierhäuser, das Pschorr-Haus an der Friedrich- Ecke Behrenstraße, wurde 1880 nach Plänen der Architekten Kayser und von Großheim geschaffen. Die neubarocke Fassade besteht aus Postelwitzer Sandstein. Wechselhaft ist die Geschichte dieses Hauses: Man trank dort Bier oder ließ sich von Castans Panoptikum erschrecken, das sich hier vorübergehend befand. Nach dem zweiten Weltkrieg beherbergte es zeitweilig eine SED-Kreisleitung und die Kronen-Apotheke. Im jetzigen »Haus der Demokratie« arbeiten Vertreter der Bürgerbewegungen, die maßgeblich zu den Veränderungen in der DDR beigetragen haben.

DIE PASSAGEN 35

hohem Dach, romantischen Türmchen und Giebeln war 127 Meter lang, fast acht Meter breit und nahezu 15 Meter hoch. In ihrem Knick erhob sich ein mehr als 15 Meter hohes Oktogon, das am Abend von einem riesigen Kronleuchter mit (zunächst) zahlreichen Gasflammen in strahlendes Licht getaucht wurde. In seiner »Deutschen

Häusertelegramm Nr. 166 (erhalten)

Mit seinem reichen Schmuck und neugotischen Formen in der Art venezianischer Paläste gehört dieses Wohn- und Geschäftshaus zu den reizvollsten der erhalten gebliebenen Gebäude. Ferdinand Wendelstadt baute es – wie die Jahreszahl am Ziergiebel ausweist – in den Jahren 1898–1899 gemeinsam mit Max Welsch. Nicht oft zu sehen: ein zweiter Erker, oben und unten durch Balkone begrenzt.

Die Kaisergallerie

Kaiserstadt Berlin« vermerkte Ernst Friedel nicht ohne Stolz: »An nobler Ausstattung kommt dieses Meisterwerk allen vorhandenen Passagen europäischer Großstädte gleich, an Breite und guter Ventilation sowie Zweckmäßigkeit der Einrichtung übertrifft sie die meisten ihrer Art.«

Am Geburtstag von Kaiser Wilhelm I., dem 22. März 1873, öffnete das Meisterwerk unter der Bezeichnung – Kaisergalerie. Wie der ehemalige Redakteur des »Berliner Tageblatts«, Dr. Isidor Kastan, der Nachwelt überlieferte, fand zur Einweihung zunächst ein Herrenessen mit allen Freunden des Unternehmens statt (»Es war wie im Schlaraffenlande; auf mächtigen Tafeln waren gewaltige Massen erlesenster Speisen jeglicher Art aufgeschichtet; der Wein floß in Strömen...«). Ein Eröffnungssouper mit Ball folgte, an dem der gesamte kaiserliche Hof teilnahm.

Die Berliner – sowohl Handel und Gewerbe als auch der schlichte Passant – verhielten sich der Passage gegenüber zunächst recht skeptisch. Zuviel war über die traurige Vorgeschichte bekannt geworden. Otto Glagau bemerkte als aufmerksamer Beobachter der damaligen Szene: »Auf der Passage ruhte von vornherein der Fluch. Nur mit Not gelang es, die Läden zu vermieten, nachdem man die zuerst in Aussicht genommenen Mieten bedeutend herabgesetzt hatte. Die Konzerte verunglückten, die Festsäle blieben leer, die großen Restaurants in den oberen Etagen fanden bald keinen Pächter mehr, und die durch alle Stockwerke gehenden Banklokalitäten konnten überhaupt nicht vermietet werden. Man verwandelte diese Räume in ein Hotel von 60 Zimmern, aber man suchte vergebens nach einem Pächter.«

Die erste Jahresbilanz der Passage-Aktionäre sah dementsprechend deprimierend aus. Sie hatten »zubuttern« müssen. Und die Berliner blieben fern. Höchstens Auswärtige schlenderten hindurch, guckten hier, kauften dort mal was.

Erst nach und nach entwickelte sich die Passage zu dem, was sie heute noch in der Erinnerung alter Berliner ist. Manche nannten sie dann auch nur noch Panoptikum, weil ein solches dort zum Sehen und Staunen einlud und die eigentliche Sensation der Passage war.

Zu den bekannten Besuchern gehörte Egon Erwin

Häusertelegramm Nr. 167/168 (erhalten)

Neu an dem 1906 von Bruno Schmitz konzipierten Bau war das kleine Kaufhaus in der Erdgeschoßzone. Charakteristisch sind die Bauplastik im Jugendstil, geschwungene Balkone in der dritten und die Balustrade in der vierten Etage.

*Häusertelegramm
Nr. 169/170 (erhalten)
Sicher war so gut wie jeder
Schriftsteller der früheren
DDR irgendwann einmal
in diesem Haus an der
Ecke Französische Straße;
denn in dem ehemaligen
Bürohaus der Reichsbahn-
Kredit-Gesellschaft hatte
sich der Schriftsteller-
verband etabliert. Fritz
August Breuhaus de Groot
hatte 1937 für diesen
fünfgeschossigen Stahl-
skelettbau gesorgt.*

*Blick auf den Eingang der
Passage, 1909; die ersten
beiden Häuser auf der
linken Straßenseite stehen
heute noch*

Kisch. Der ›rasende Reporter‹ notierte: »Das Schönste von Berlin ist die Lindenpassage. Das Schönste der Lindenpassage ist das Passagenpanoptikum. Das Schönste vom Passagenpanoptikum ist das Anatomische Museum. Das Schönste vom Anatomischen Museum ist das Extrakabinett. Das Schönste vom Extrakabinett ist – pst!« Was belegt, daß Egon Erwin Kisch nicht nur Unerhörtes gesehen, sondern die Passage von den Linden aus erlebt hat.

Was bot die Passage noch? Geschäfte, Cafés, das Linden-Cabaret, das Kabarett »Chat noir«, etliche Festsäle, ein Kino und mancherlei mehr. Nach Berlin kommen und die Passage nicht sehen, das war schlechterdings unmöglich.

Die meisten Besucher strömten – wie Kisch – ins Panoptikum der Brüder Louis und Gustav Castan. Diese luden in ihr Wachsfiguren-Kabinett ein, in den Irrgarten und in eine schaurige Schreckenskammer, in der berüchtigte Verbrecher zwar wächsern, doch grimmig

Das Panoptikum in der Passage, 1890

dreinblickten. Natürlich befand sich Jack the Ripper unter den gruseligen Gestalten. Die beiden Brüder zogen aus der Not zweier lebendiger zusammengewachsener Schwestern nicht wenig Kapital: Aus allen Teilen der Welt kamen Besucher – unter ihnen auch Ärzte und Wissenschaftler –, um die bemitleidenswerten siamesischen Zwillinge zu betrachten.

Nur erwachsenen Gästen blieb das von Kisch erwähnte Extrakabinett vorbehalten. Sittenstreng nach Männlein und Weiblein getrennt, zog man lüsternen Auges an Abbildungen und Präparaten vorbei, die heutzutage in jedem Schullehrbuch enthalten sind.

Was das erwähnte Kapital der Brüder betrifft: Sie hatten – vor knapp einhundert Jahren – immerhin eine Jahresmiete von 86.000 Mark aufzubringen. Es versteht sich, daß sie den Mietzins nicht nur pünktlich entrichteten, sondern auch genügend in ihr Portefeuille legen konnten. Nach ihrem Tode führte zunächst eine Gesellschaft das Panoptikum weiter, ehe es 1922 unter den Hammer kam. Die mühsam zusammengetragenen Raritäten und

Antiquitäten verschwanden im Nu auf Nimmerwiedersehen.

Wer etwas über Leben und Sitten in fremden Ländern wissen wollte, der kaufte sich ein Billett für das sogenannte Kaiserpanorama. Guckkasten ist sicher die treffende Bezeichnung für den Kino- und Fernsehvorläufer, der ein abwechslungsreiches Programm bot: Kriegs- und Kreuzzüge, Erdbeben, Waldbrände und andere Naturkatastrophen. Man schaute und schauderte, zufrieden, so Schlimmes in der Friedrichstraße nicht erleben zu müssen. Die Phantasie wurde sicherlich auch von einem Kolossal-Diorama angeregt, das den Harem des potenten Sultans Boabdill lebensecht darstellte.

Kehren wir noch kurz ins Linden-Cabaret ein und erfreuen uns der frech-berlinischen Kodderschnauze Claire Waldoffs, des unbestrittenen Passage-Stars. Hier sang die »Berlinerin« aus dem Ruhrpott ihr »Willem, red doch nicht so viel, ich hab's endlich satt«, was jedermann auf jenen Mann gleichen Namens bezog, der im nahen Schlosse residierte.

Das Publikum tobte, sobald die kleine dralle Waldoff auch nur den Mund aufmachte und Kehrreime sang, die dann bald in aller Munde waren: »Wer schmeißt denn da mit Lehm?« – »Laß dem Kind doch die Bulette, es spielt ja bloß mit sie« – »Wenn der Bräutigam mit der Braut so mang die Felder jeht«.

In den zwanziger Jahren entstand ihr wohl populärstes Chanson: »Hermann heeßt er«. Das schlug so ein, daß es die Berliner – keiner weiß, von wem die Strophe stammt – in der Nazi-Zeit kühn fortsetzten:

Claire Waldoff
(1884-1957)

Links Lametta, rechts Lametta,
und der Bauch wird imma fetta,
und in Preußen ist er Meesta:
Hermann heeßt er, Hermann heeßt er.

Treffend karikierten sie damit den ebenso eitlen wie gefährlichen Reichsluftfahrtminister Hermann Göring. Einen Mann also, der mit seinesgleichen dafür sorgte, daß auch die Passage im Bombenhagel des zweiten Weltkrieges unterging. An ihrer Stelle erhebt sich jetzt das Grand-Hotel.

Begeisterte und vermögende Sammler konnten das

Panoptikum nicht vergessen. Sie durchstreiften entsprechende Etablissements in vielen Ländern, um noch vorhandene, in alle Welt zerstreute Stücke wieder aufzukaufen. Was an Wachsfiguren bis jetzt zusammenkam, läßt sich im Kudamm-Eck bewundern. Das erwähnte Kaiser-Panorama fand einen Platz im Berlin-Museum in der Lindenstraße.

Ehrgeizige Pläne der Realsozialisten wollten bei der Neugestaltung der Friedrichstraße an die Passagen-Tradition anknüpfen. Ursprünglich sollte sich eine solche von der Leipziger bis zur Französischen Straße hinziehen. Bei immer knapperer Kasse schrumpfte sie zusehends zusammen und kam schließlich über den Rohbau nicht hinaus. Was blieb, sind Investruinen.

Der Friedrichstadt-Palast

Wie trauerten die Berliner (und nicht nur sie), als der alte Friedrichstadt-Palast westlich der Friedrichstraße seine Pforten für immer schließen mußte. Und wie freuten sie sich, nach 39 Monaten Bauzeit das neue Haus der heiteren Muse östlich der Friedrichstraße wieder in Besitz nehmen zu können! Premiere war am Freitag, dem 27. April 1984. Die Spitzen der Partei und des Staates ließen sich das Galaprogramm nicht entgehen. Böse Zungen behaupteten damals, sie wollten von professionellen Illusionisten, Seiltänzern und Gauklern einiges lernen. Bevor sie aber den Aserbaidshanischen Hauptbahnhof – so nannte Berliner Volksmund das neue Bauwerk ob seiner orientalisch anmutenden Fassade – betreten konnten, mußten sie durch ein bereitgestelltes Spalier von Claqueuren und Skandierern. Jeder von ihnen hatte einen Sonderausweis in der Tasche, der ihn berechtigte, an genau festgelegter Stelle seinen Beifall oder seine Jubelrufe zu leisten. Die viel beschworene Einheit von Partei, Staat und Volk – hier war sie grotesk sichtbar. Durch das Programm führte mit spitzer Zunge O. F. Weidling, ein weithin bekannter Entertainer. Sie muß zu spitz gewesen sein; denn nach wenigen Aufführungen verschwand Weidling von der Bühne. Hartnäckig hielt sich das Ge-

Der Friedrichstadt-Palast, 1991

rücht, er sei in Ungnade gefallen. Kurze Zeit später verstarb er. Nach der Wende etablierte sich ein Freundeskreis O. F. Weidling, der die Rehabilitierung des Künstlers betreibt.

Intendant Wolfgang E. Struck strahlte über das ganze Gesicht, als er den berühmten riesigen Schlüssel für das Haus in der Friedrichstraße 107 in Empfang nahm. Schauen wir uns in dem wohl größten europäischen Varieté ein wenig um.

Wir betreten den 110 Meter langen, 80 Meter breiten und 20 Meter hohen Palast durch ein großzügig gestaltetes Foyer, das sich angenehm vom alten Hause Am Zirkus 1 unterscheidet. Die Garderoben sind leicht zu erreichen, sechs Pausenbüffets sorgen für das leibliche Wohl, ebenso eine Hallenbar. Erfreulicherweise gibt es einen Aufzug für Behinderte. Von jedem der 1 900 Plätze in dem klimatisierten, dem Amphitheater nachempfundenen großen Saal kann man gut sehen. Auf der Vorderbühne mit den beiden Orchesterrängen befindet sich ein sogenanntes Hub-Podium von zwölf Metern im Durchmesser. Mit seiner Hilfe können nach Belieben eine Tanzebene, eine Zirkusmanege, ein Wasserbassin oder eine Eisarena eingesetzt werden. Die Hauptbühne mit 24 Meter breitem und zehn Meter hohem Portal weist eine Drehscheibe und zwei Seitenbühnen auf, so daß ein Szenenwechsel im Handumdrehen erfolgen kann: wichtig für ein Varieté, das auch mit Tempo brillieren will.

Zum Haus gehört die Kleine Revue mit 240 Plätzen. Sie ist das Domizil des Mini-Theaters Das Ei, das zu Possen, Lustspielen und Schwänken einlädt, zumeist mit Berliner Profil. Für Nachtbummler bietet die Kleine Revue ein kleines Nummernprogramm, das spritzig, frech und ein wenig frivol sein will, meist aber nur nackt daherkommt. Es beginnt um 22.30 Uhr, und ihm schließt sich eine Diskothek bis früh um Vier an.

Erwähnen wir noch, daß die Jüngsten nicht zu kurz kommen. Im Großen Saal findet zu ihrer Freude in der Weihnachtszeit das Kindervarieté statt.

Bereits das Eröffnungsprogramm unter dem bezeichnenden Motto »Friedrichstraße 107« ließ eine prächtige Stimmung aufkommen: beim Lustwandeln vor Beginn des großen Spektakels und in den Pausen, beim Staunen, Lachen und Schauen im Dreiviertelrund des Zuschauerraumes und nicht zuletzt auch hinter den Kulissen.

Die Regisseure Wolfgang E. Struck und Volkmar Neumann zogen in der neuen Spielstätte – wer wollte es ihnen verdenken? – alle technischen Register. Da plätscherten Nixen im Bassin und ließen Erinnerungen an die Wasserminna aufkommen, da drehten Eisprinzessinnen wie Christine Errath, Gaby Seyfert und andere kleinere Berühmtheiten wirbelnde Pirouetten auf dem Hartgefrorenen, da ließen fliegende Menschen unter der Kuppel den Atem stocken, warben Seelöwen um die Gunst des Publikums, jagte eine Laserkanone ihre gebündelten Lichtstrahlen effektvoll in die Dunkelheit, da tat sich eine Bühne auf, die kein Ende zu haben schien. Neben O. F. Weidling witzelte und kalauerte Ulknudel Helga Hahnemann. Sie kreierte sogar ein Berlin-Lied. Unter den Gesangssolisten dominierte Karel Gott aus dem Goldenen Prag. Einen Sonderapplaus erhielt das Ballett des Friedrichstadt-Palastes. Mitunter trugen die Damen so reizvolle Kostüme, daß die Herren im Parkett vergaßen, auf die steppenden Beine zu schauen. Intendant Struck zur Form: »Sie will eine Synthese aus klassischen und modernen Revue-Elementen herstellen, erinnert an die Historie des

Abriß der ursprünglichen Markthalle und Umbau zum Zirkus, 1874

Friedrichstadt-Palastes und gibt gleichzeitig Ausblick auf die künftige Arbeit des Ensembles.«

Seit diesem denkwürdigen Auftakt erfreuten sich Tausende und aber Tausende der abwechslungsreichen Programme und fühlten sich Künstler und Artisten vieler Länder im Haus der heiteren Muse heimisch. Das sich übrigens an traditionsreicher Stätte erhebt; denn an eben dieser Stelle hatte einst der legendäre Zirkus Barlay erst sein leinenes, dann sein festes Zelt aufgeschlagen, lud seine Tierschau zum Besuch inmitten der Stadt ein.

Weil wir gerade bei der Vergangenheit sind: Vorhang auf für zehn Bilder aus der Geschichte des Friedrichstadt-Palastes!

Hereinspaziert, Damen und Herren! Erleben Sie im Zeitraffer die unglaubliche, aber wahre Geschichte jenes Berliner Hauses westlich der Friedrichstraße, das als Riesenmarkthalle pleite ging, dann aber als Zirkus, Theater und Varieté die Herzen der Berliner entflammte, in dem kühne Artisten durch die Luft wirbelten, buntbemalte Clowns ihr Publikum zu Lachsalven hinrissen und wilde Tiger ihre Zähne fletschten. Hereinspaziert, Damen und Herren! Die Vorstellung beginnt.

Im ersten Bild erkennen wir den Geheimen Oberbaurath Hitzig und seinen Baumeister Lent. Sie stehen mit sorgenvoller Miene vor einer Baugrube nahe der Spree. Statt erwarteten märkischen Kieses sehen sie unwillkommenen schwammigen Sand. Der Bau stockt. Was tun? Sie lassen genau 863 Pfähle zu je einem Taler, zwei Silbergroschen und sechs Pfennig in den sumpfigen Grund rammen, um das Fundament der künftigen Markthalle zu befestigen. Am 1. Oktober 1867 öffnet das Unternehmen seine Pforten, durch die allerdings kaum einer tritt. Die Berlinerinnen kaufen lieber weiter auf dem Wochenmarkt an der Ecke. Eine neumodische feste Halle mögen sie nicht. Also schließen sich die Pforten wieder. Keiner zahlte einen Pfennig für Unrentabilität.

Das zweite Bild zeigt uns die vollkommen veränderte, nunmehr großstädtisch aufgeputzte Halle am zweiten Weihnachtsfeiertag des Jahres 1873. Wieder herrscht feierliche und bängliche Premierenstimmung. Albert Salamonsky, ein schneidiger Rossebändiger, eröffnet mit großer Gala einen Zirkus für 5000 Zuschauer. Des schnurrbärtigen Direktors Pferde tanzen die Salamonsky-Polka, »für Piano componiert«.

Im dritten Bild bieten wir ein Potpourri wechselnder Chefs, doch bleibenden Amüsements für die Berliner. Vom schneidigen Albert Salamonsky müssen wir uns verabschieden: Er geht zurück in seine russische Heimat, gründet dort einen Zirkus, der im Jahre 1918 in den ersten volkseigenen Zirkus der Welt umgewandelt wird. Der legendäre Ernst Jakob Renz, kaum des Schreibens mächtig, doch ein Zirkusmann von echtem Schrot und Korn, übernimmt 1879 das Haus. Nach dessen Tod benennt der neue Direktor, Bolossy Kiralfy, den Renzschen Riesenzirkus in Neues Olympia-Theater um. Ihm folgt im Jahre 1900, man lese und staune, der »Pädagoge der Pferdebeeinflussung«, der berühmte Kunstreiter Albert Schumann. Der erste Weltkrieg ruinierte auch ihn: Am 31. März 1918 wirft Schumann das Handtuch und hängt den Pferdehalfter an die Wand. (Wer von den Radsportfans weiß, daß Schumann in seinem Haus an der Spree die er-

Hans Poelzig (1869-1936)

DER FRIEDRICHSTADT-PALAST 45

Der von Hans Poelzig umgestaltete Innenraum des im Volksmund »Tropfsteinhöhle« genannten Theaters

ste überdachte Radrennbahn Berlins bauen ließ? Hier starteten unter anderen die Weltmeister Robl und Arendt.)

Viertes Bild: Der nunmehrige Chef des Hauses trägt den nicht unbekannten Namen Max Reinhardt. In seinem – so heißt es jetzt – Großen Schauspielhaus will er seine Idee vom Riesenvolkstheater antiken Stils realisieren. »Hamlet«, »Danton«, »Ein Sommernachtstraum« und andere Masseninszenierungen gehen über die Bühne – ebenso bedeutende Künstler wie Paul Wegener, Agnes Straub und Alexander Moissi. Inflation und Wirtschaftskrise vereiteln weitere Pläne. Max Reinhardt geht, und Eric Charell kommt. Wieder gibt es Revue, gibt es Unterhaltung. Die Operette »Zum weißen Rößl« erlebt ihre Welturaufführung; erstmals erklingt in Berlin George Gershwins »Rhapsody in Blue«. Erwin Piscator und seine politische Revue »Trotz alledem« seien noch erwähnt.

Bild fünf ist düster. 1933 ziehen Nazis in das Haus, das sie blasphemisch »Theater des Volkes« nennen. Blut- und Boden-Schmarren wechseln mit populären Operetten, zum Beispiel »Frau Luna« unter der Stabführung Paul

46 DER FRIEDRICHSTADT-PALAST

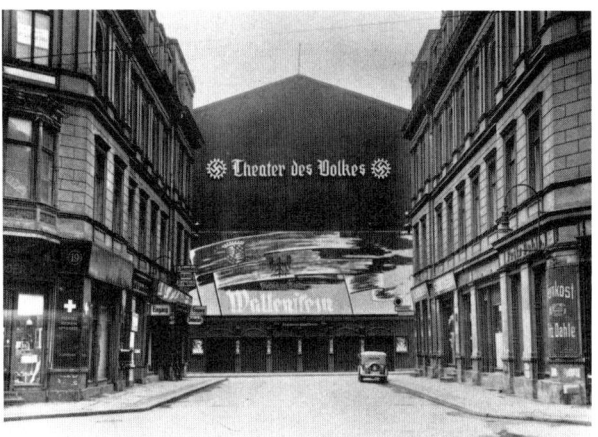

Der Friedrichstadt-Palast in der Nazizeit

Linckes und Karl Stäckers. Ein Bombardement im zweiten Weltkrieg beschädigt das Gebäude schwer.

Sehen Sie im sechsten Bild die Zeichen neuer Hoffnung? Berlin regt sich nach dem schrecklichen Kriege wieder. Fleißige Hände räumen auch im Haus an der Spree die Trümmer weg. Mit Lizenz und praktischer Unterstützung der sowjetischen Stadtkommandantur erhält die heitere Muse am 17. August 1945 mit dem Palast-Varieté »Haus der 3 000« eine eigene Heimstatt. Alles hört auf das Kommando von Marion Spadoni, die als Schulreiterin einen guten Namen hat, die zaubern kann und viel Beifall für ihre Tanzsoli erhält. Zwei Jahre darauf wird das Haus dem Berliner Magistrat unterstellt. Seitdem heißt es irreführend Friedrichstadt-Palast, obwohl es nie in der alten Friedrichstadt gelegen hat. Korrekt wäre Friedrich-Wilhelm-Stadt-Palast – doch das ist viel zu umständlich. Der neue Friedrichstadt-Palast in der Friedrichstraße 107 müßte eigentlich Spandauer-Vorstadt-Palast heißen.

Im siebenten Bild – der Glückszahl angemessen – erleben wir den triumphalen Weg des Palastes, wie die Berliner ihn kurz und bündig nennen, zum bedeutendsten Varieté unseres Kontinents. Zeigt Direktor Nicola Lupo (man beachte die oft einfallsreichen Künstlernamen der Haus-Vorsteher!) zwischen 1947 und 1954 noch althergebrachte Nummernprogramme (mit inzwischen leider

»ausgestorbenen« attraktiven Nummerngirls), wendet sich sein Nachfolger Gottfried Herrmann (1954 bis 1961) vor allem Varieté-Revuen mit mehr oder minder einfallsreicher Fabel zu. Unterhaltungslustige Ältere erinnern sich lebhaft solcher Inszenierungen wie »Sommer, See und Sonnenschirm«, »Ein Ball rollt um die Welt«, »Sterne am Varieté« und »Wie wär's mit einem Schwedenpunsch?«. Die Jüngsten lassen sich vom Meister Nadelöhr und Clown Ferdinand begeistern.

Bild acht steht ganz im Zeichen jenes Mannes, der seit 1961 die Geschicke des Hauses mit sicherer künstlerischer und kommerzieller Hand lenkt: Wolfgang E. Struck. Der Schauspieler, ehemalige Regieassistent bei Brecht sowie Metropol- und Kabarett-Regisseur setzt sich das Ziel, ein modernes Revuetheater zu schaffen. Seine Revuen sollen ein zentrales Thema gestalten und mittels einer musikdramaturgischen Struktur Gesang, Tanz, Artistik und Wortdarbietungen zusammenfügen. Die Struckschen Palasticals entstehen: »Mini, Midi Maxi«, »Berlin life«, »Seekiste« und manche andere. Seit 1978 lädt die Kleine Büh-

Der Friedrichstadt-Palast, 50er Jahre

ne Das Ei ein. Künstler aus allen Teilen der Welt treten im Friedrichstadt-Palast auf: Ella Fitzgerald und Louis Armstrong, Josephine Baker und Juliette Greco, die Laterna magica aus Prag, die Leningrader Music-Hall.

Bild neun kehrt gewissermaßen zum Bild eins zurück. Die bewußten Pfähle wollen ihrer tragenden Rolle nicht mehr genügen. Sie faulen vor sich hin. Nicht wenige Künstler, Mitarbeiter und Zuschauer verlassen mit Tränen in den Augen am 29. Februar 1980 die letzte Vorstellung im alten Haus. Eineinhalb Jahre später senkt sich der Grundstein für den neuen Palast in den märkischen Sand – wohlgemerkt: in den Sand, nicht in den Sumpf. Friedrichstraße 107 heißt jetzt die Adresse. Das Ensemble bleibt zusammen, gefällt außerhalb Berlins mit 24 Inszenierungen und rund 500 Vorstellungen. Nicht wenige Provinzstädter freuen sich: Der Palast kommt zu ihnen, und sie müssen nicht bewährte Tricks anwenden, um an die begehrten Billetts zu kommen.

Bild zehn berichtet vom neuen Anfang im April 1984 – wie zum Beginn dieses Kapitels beschrieben. Wolfgang E. Struck erhält noch den Generalintendantentitel, ehe er verstirbt. Um neuen Schwung in das recht eingefahrene Getriebe zu bekommen, werden englische Choreographen verpflichtet. Sie zeigen in der begeistert aufgenommenen Revue »Traumvisionen«, wozu das Ballett wirklich fähig ist. Mit ihren kritischen Anmerkungen aus ihrer Theaterpraxis geben die Engländer einen Vorgeschmack auf das, was nach der Wende auch auf dieses Haus zukommen wird.

Bild elf, das vorläufig letzte. Wir sehen den Friedrichstadt-Palast im scharfen Wind internationaler Konkurrenz. Die liebgewonnenen Subventionen fallen als sanftes Ruhekissen weg, das Haus muß sich selbst finanzieren. Pläne werden laut, eine Spielbank einzurichten. Intendanten tun sich schwer, müssen gehen, die Mitarbeiterzahl schmilzt wie Schnee in der Sonne. Umbruchzeiten – wie überall in der Stadt. Eins ist klar: The show must go on. Dafür seien den Künstlern der heiteren Muse die Daumen gedrückt und »Toi, toi, toi« gewünscht.

Die Weidendammer Brücke 1914 vor dem Abbruch; im Hintergrund der Bahnhof Friedrichstraße

Abbruch des alten Friedrichstadt-Palastes, 1985

Die Weidendammer Brücke

Mittelstück des geschmiedeten Geländers (Westseite), 1985

Nicht viele Zeugnisse der Schmiedekunst von Berliner Werkstätten des vorigen Jahrhunderts blieben erhalten. Der alte Garnisonsfriedhof an der Kleinen Rosenthaler Straße etwa zeigt, was mit Können, harter Arbeit und Eisen an kunstvollen Grabdenkmalen und eleganten Ziergittern geschaffen werden konnte. Und das reiche Kunstschmiedewerk der Weidendammer Brücke – sie führt die Friedrichstraße in sanftem Bogen über die Spree – gibt beredte Kunde vom Geschick solcher damals stadtbekannten Firmen wie Fabian, Krüger, Langer, Puls und Methling. Ihnen verdanken wir den glücklicherweise erhalten gebliebenen Brückenschmuck. Die Stadtväter läßt er immer mal wieder tief ins Säckel greifen, damit der nagende Rost beseitigt werde.

Jedes der beiden Geländer hat 22 Felder mit pflanzlichen Blatt- und Rankmotiven. Mit ihren Schwingen verbinden in der Mitte der Geländer schmiedeeiserne grimmig schauende Adler die Felder. Genau über den Flußpfeilern sehen wir die gleichfalls verzierten Sockel der Lichtmasten, insgesamt vier an der Zahl. Wer hinaufschaut, der sieht an der Biegung der Laternenmasten jeweils zwei geflügelte Fabelmasken. Sie tragen die Lampen. Gekrönt werden die Masten von goldenen Sonnenmotiven, die sich übrigens auch in den Geländerfeldern entdecken lassen. Wer heutzutage die Friedrichstraße entlangschlendert und genau über der Spree – etwa in Höhe der erwähnten gußeisernen Adler – verharrt und seine Blicke mal auf dieses und mal auf jenes Ufer wandern läßt, der schaut zwar durchaus Gegenwärtiges, so beispielsweise auf den neuen Friedrichstadt-Palast, zugleich jedoch in die Vergangenheit.

Dort, wo das Brecht-Theater große Triumphe feierte und der alte Friedrichstadt-Palast bis vor kurzem stand, hatten sich dereinst Schiffbauer angesiedelt. Unter ihnen ein gewisser Johann Friedrich Koepjohann. Er baute nicht nur fleißig Schiffe für die Spree, sondern hatte zudem ein Herz für Bedrängte. So verfügte er im Jahre 1792 eine Stiftung für arme Witwen und Waisen aus der Spandauer Vorstadt. Die Mittel dafür stammten u. a. aus seinem Haus am Schiffbauerdamm, zu dem weitere kamen, die jetzt der Gemeinde der Sophienkirche gehören. Die Stiftung des gutherzigen Mannes besteht noch immer; so mancher Berliner erhält von ihr eine, wenn auch nur symbolische Summe!

Auf der anderen Seite des Flusses verläuft jene Straße, die unserer Brücke den Namen gab: der Weidendamm.

DIE WEIDENDAMMER BRÜCKE

Er schützte einst die Stadt vor ungebetenen Wassern und trug – der Name sagt's – prächtige Weiden.

Schiffbauer und Weiden sind von hier längst verschwunden, ihre Namen blieben. Und die stadtbekannte Brücke, der wasserüberspannende Teil der Friedrichstraße.

In ihrer ersten Anlage stammt die Weidendammer Brücke aus dem 17. Jahrhundert. Nach der Neubefestigung der Stadt in den Jahren 1658 bis 1683 veröffentlichte der seinerzeit berühmte Kupferstecher Johann Bernhardt Schultz im Jahre 1688 einen Plan Berlins, auf dem er fein säuberlich 14 Brücken verzeichnete, »zu welchen noch drei der damals in der Entstehung begriffenen Dorotheenstadt hinzu kamen«, wie es in einer zeitgenössischen Schrift heißt. »Und zwar die Überbrückung der Spree im Zuge des Weidenweges, ferner zwei Brücken über den Graben des Dorotheenstädtischen Hornwerkes (Unter den Linden hinter der Schadowstraße und in der Friedrichstraße an der Behrenstraße).«

Die Weidendammer Brücke hieß noch Dorotheenstädtische oder Spandauische Brücke, war zumindest eine Holzkonstruktion mit aufklappbarem Mittelteil und entstand nach Plänen von La Vigne im Jahre 1685. Damals lag sie gewissermaßen am Ende der Stadt. Entweder verlor sich der Weg jenseits der Spree in Wiesen und

Die Weidendammer Brücke, mit Blick auf das Berliner Ensemble, vom Weidendamm ausgesehen, 80er Jahre

Mittelstück des Geländers auf der Ostseite der Brücke, mit Blick auf die Museumsinsel, 1985

Die Friedrichstraße in der Literatur:

Franz Held (1862–1908)

Auf der Weidendammer Brücke

Auf der Brücke ein Bettler keucht.
Über der Brücke ein Stern verbleicht.
Vor dem Keuchenden schiebt sich's schnell.
Um den Bleichenden schimmert's hell

Kranker Bettler mit Hungerblick
Reckt den Arm um ein Pfennigstück.
Sattes Publikum dräng vorbei:
»Und das duldet die Polizei!«

Bleicher Stern, der wohl bald verblüht,
Bittet die Brüder um Licht so müd.
Sie sehn weg, wo er mat verloht,
Denn sie schwingen sich flammenrot.

Possen! Wie Gas auf Plätzen weit,
Stehn am Himmel Sterne verstreut,
Sind nicht mehr Augen der Gotteslieb,
Sondern Weltraumlaternen trüb.

Bettler, wie stiert er zum bleichen Stern!
Immer noch hofft er auf Gott den Herrn.
»Läßt mich verhungern, Erbarmer du?«
»Kann nicht helfen. Gehselbst zur Ruh.«

(1894)

Feldern oder er führte zur kurfürstlichen Ziegelbrennerei, die bekanntlich der Ziegelstraße ihren Namen gab.

Etwa einhundert Jahre später, in der Zeit eines Johann Friedrich Koepjohann, präsentierte sich das Bauwerk auf einer Zeichnung immer noch als schlichte, aber funktionierende Holzkonstruktion. Wie es sich für einen Zeichner geziemt, hatte dieser einen damals schon reizvollen Blick gefunden: von der Brücke in Richtung Marienkirche und Manufakturgebäude auf jene Insel, von der uns heute die Kuppel des Bode-Museums grüßt. Wie sich denken läßt, steckte in der hölzernen Brücke oft der Wurm: sie mußte häufig repariert werden. Das verdroß die Stadtväter, und so ließen sie eine gußeiserne Bogenbrücke bauen. Das geschah in den Jahren von 1824 bis 1826. Allerdings mochten die Bauherren auch diesmal nicht ganz auf Holz verzichten. Sie überspannten die Spree mit einer 55 Meter langen gußeisernen Brücke mit fünf Öffnungen. Die mittlere war 7,82 Meter breit und besaß hölzerne Klappen, damit Schiffe passieren konnten, ohne ihre Masten zu kappen. Die Brückenpfeiler in Form von Säulenreihen ruhten auf Pfahlrosten, die mühsam in den Spreegrund gerammt worden waren. Kutschen und Fuhrwerke benutzten fortan den sechseinhalb Meter breiten Fahrdamm, Flaneure einen der bei-

Die Weidendammer Brücke, Blick zum Schiffbauer Damm, um 1897

den Steige von jeweils zweieinviertel Metern Breite. Die Gesamtkosten beliefen sich auf 173 000 Mark.

Wie stolz die Berliner über diese neue Errungenschaft in der Friedrichstraße waren, verrät eine mit gespreizter Feder geschriebene zeitgenössische Schilderung:

»Jetzt ist diese Brücke insofern die erste und einzige Art in der Welt, als bei ihr nämlich, anstatt der bisher nur allein üblich gewesenen massiven Pfeiler, gegen welche die Bogen gespannt werden müssen, zuerst der Versuch gemacht ist mit freistehenden eisernen Pfeilern, welche die ebenfalls eisernen Bogen tragen, so daß an dieser Brücke, ausgenommen den hölzernen Pfahlrost im Grunde, die hölzernen Zugklappen, die massiven Stirnschälungen gegen die Ufer, den steinernen Fahrdamm und die Granitplatten auf den Fußwegen der Brücke, durchaus alles von Eisen ist.« Der Schreiber dieser Zeilen rühmte die »Kühne Wölbung ohne Widerlagspfeiler«, welche die Brücke »zum Gegenstande der besonderen Aufmerksamkeit« machte.

Ab Mitte des vorigen Jahrhunderts nahm der Verkehr in der Friedrichstraße enorm zu. Pferdebahnen drängelten sich neben Lieferanten mit Handkarren. Droschken mußten hochherrschaftlichen Reitern ausweichen. Fußgänger flanierten, schauten, hasteten.

Die Brücke wurde ein rechtes Nadelöhr. Nach dem bekannten Motto »Zunächst reicht eine Behelfslösung« wurde sie rechts und links verbreitert, und zwar um zwei

Die Weidendammer Brücke, Blick in die Friedrichstraße nach Norden, um 1900

Die Weidendammer Brücke, Blick in die Friedrichstraße nach Süden, um 1900

Häusertelegramm Nr. 100 (nicht erhalten)
An dieser Stelle stand das Monopol-Hotel mit ausgedehntem Garten, in dem sommers Bier ausgeschenkt wurde. Baurath Heim schuf es in den Jahren 1887/88 und sorgte dafür, daß in dem Gebäude ein großes, maurisch ausgestattetes Restaurant, ein Café und mehrere Läden ihren Platz erhielten. Bildhauer Eberlein schmückte die Sandsteinfassade. In vier Obergeschossen befanden sich 160 Gastzimmer und Salons mit 210 Betten.

Häusertelegramm Nr. 139–141 (nicht erhalten)
Diese Häuser bildeten einen Komplex, der zu Beginn des vorigen Jahrhunderts die Bezeichnung »Georgische Häuser« nach dem Namen des Bauherrn, des Rentiers George, trug. In ihm ließ sich das Friedrich-Wilhelm-Institut nieder, das Militärärzte ausbildete. Das Institut ist in den Folgejahren beständig erweitert worden, unter anderem durch ein Lehrgebäude (1873–74) sowie ein Wirtschafts- und Bibliotheksgebäude (1880-83). Auf dem Terrain steht heute der sogenannte »Tränentempel« vom Bahnhof Friedrichstaße.

zusätzliche Fußsteige, die auf durchlaufenden stählernen Gitterträgern ruhten. Dadurch blieben im Rathaus zumindest die Petitionen der Fußgänger aus. Doch die Droschkenkutscher und Feuerwehrslenker murrten weiter, ebenso diejenigen, die etliche Meter unter ihnen Schlange auf der Spree standen: Schiffer und Fischer. Mit der Öffnung des Hauptarmes der Spree für die Schiffahrt erwies sich die in einer Krümmung der Spree liegende Brücke als Verkehrshindernis.

Es half alles nichts – eine neue mußte her. Seufzend gaben die Stadtväter ihr Ja-Wort und 857 785 Mark aus dem Stadtsäckel, damit dieser wichtige Teil der Friedrichstraße aufpoliert werden konnte.

Bevor die alte abgerissen wurde, wuchsen zwei Notbrücken über die Spree: stromaufwärts für Passanten, stromabwärts für die Pferdebahn. Schließlich begannen im Frühjahr 1895 die Arbeiten, die bis 1897 währten. Mit 62,50 Metern Länge und 22,40 Metern Breite nahm sie dann den Straßen- und Fußverkehr auf. Die erwähnte Spree-Krümmung machte eine geknickte Form der Pfeiler notwendig. Ihren Lokalblättern konnten die Berliner auch diese Informationen entnehmen: »Die Verkleidung sämtlicher Ansichtsflächen der Pfeiler und Widerlager erfolgt in Granit aus dem Fichtelgebirge. Die Brücke ist mit Holz belegt und wird elektrisch beleuchtet.« Da sie

DIE WEIDENDAMMER BRÜCKE 55

sich im gehörigen Bogen über das Wasser spannte, brauchten keine Klappen mehr eingebaut zu werden. Lediglich Dampfer mußten ihre überlangen Schornsteine einknicken, woran sich manch älterer Berliner noch erinnern.

Wer denn glaubt, nunmehr sei für die Weidendammer Brücke eine lange Periode der behaglichen Ruhe eingekehrt, der irrt. Kaum waren siebzehn Jahre in die Stadt gegangen, machte der U-Bahn-Bau ihre Demontage erforderlich. Eine Behelfsbrücke übernahm derweil recht und schlecht ihre Aufgaben. So ein U-Bahn-Bau dauert seine Zeit. Erst 1922 wurde die Brücke in ihrer ursprünglichen Pracht wiedererrichtet. Was nicht allein die vielen namenlosen Brückenbauer und den Bildhauer Fabian erfreute, der die Adler und die Laternen mit den Greifenköpfen schuf, sondern auch viele, viele Berliner; denn sie trennen sich nicht gern von etwas Liebgewonnenem.

Dessen eingedenk waren die Berliner Stadtverordneten, als sie zu Beginn der siebziger Jahre nicht geringe

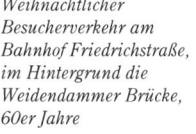

Weihnachtlicher Besucherverkehr am Bahnhof Friedrichstraße, im Hintergrund die Weidendammer Brücke, 60er Jahre

Mittel für eine Restaurierung und Wiederherstellung der Brücke bereitstellten. Verkehrs- und sicherheitstechnische Gründe spielten eine mindestens ebenbürtige Rolle. Die Kupferschmiede Berlin-Weißensee erhielt den nicht leichten Auftrag, das schmiedeeiserne Brückengeländer zu restaurieren. Etliches mußte sogar neu angefertigt werden.

Sicherlich haben viele erst zu diesem Zeitpunkt bemerkt, wie wichtig die Brücke in ihrem Leben war. Als sie gesperrt werden mußte, nahmen Autofahrer beträchtliche Umleitungen in Kauf, Straßenbahnen von vier Linien hatten eine – so die Verkehrsbetriebe – veränderte oder verkürzte Linienführung. Mancher Berliner sah sich zu ungewohnten Fußmärschen veranlaßt.

Dann aber präsentierte sich das denkmalgeschützte Bauwerk wieder in seiner ganzen Pracht. Seitdem trägt sie geduldig all die Lasten, die sie auf ihre Standfestigkeit erproben. Ungezählte Schiffe läßt sie unter sich hindurch. Eins von ihnen versuchte im Frühjahr 1991, sie einzureißen. Die Brücke obsiegte, der polnische Schubverband kam mit etlichen Beulen davon. Und geduldig erträgt die Brücke all die Fotografen, Maler und Dichter, unter ihnen den Barden Wolf Biermann. Er ließ sich vor dem Preußenadler ablichten und von diesem zum Lied vom Preußischen Ikarus anregen.

*Häusertelegramm
Nr. 126 (erhalten)*

Dies war das erste Schulgebäude der ehemaligen Friedrich-Wilhelm-Stadt, einstiges Friedrich-Gymnasium, spätere Berufschule und ab September 1987 Fachschule für Binnenhandel, Gaststätten- und Hotelwesen. Der Klinkerverblendbau stammt aus den Jahren 1848/49. Auffällig in der vierten Etage: die hohen Rundbogenfenster. Dahinter verbirgt sich die Aula.

Kleines Bad an der Spree

Wir können die Weidendammer Brücke nicht verlassen, ohne der Spree die ihr gebührende Aufmerksamkeit geschenkt zu haben. Neben Schiffbauern siedelten hier vor allem Fischer, die mit ihrem Fang den Speisezettel der Berliner bereicherten. Ein altes Wort sagt: »Der Fisch will schwimmen«, doch nicht jedermann hatte zum Mahle ein Fläschchen weißen Weines parat. Die meisten nahmen mit Wasser vorlieb, das sie vom Brunnen holten oder - empfindliche Naturen seien vor der folgenden Information gewarnt - aus der Spree. Im 17. Jahrhundert befand sich an der Weidendammer Brücke eine »öffentliche Wassertreppe«. Hierher kamen die Berlinerinnen mit Eimern und Krügen. Und so schwamm der

KLEINES BAD AN DER SPREE

*Häusertelegramm
Nr. 103 (nicht erhalten)*

*Als Privatbaumeister ließ sich Schinkel Anfang vorigen Jahrhunderts für den Baulöwen Gottfried Steinmeyer – beide arbeiteten zusammen an etlichen Projekten – ein prachtvolles Haus einfallen, das nahe der Weidendammer Brücke stand. Zeitweilig diente es dem legendenumwobenen Prinzen Louis Ferdinand als Residenz. Hier traf dieser mit Schiller zu einem Mittagessen zusammen, bei dem der Gast dem Wein so heftig zusprach, daß er die Aufführung seiner »Räuber« am Abend versäumen mußte.
Auf dem gleichen Terrain wuchs zwischen dem Bahnhof und der Weidendammer Brücke in den Jahren 1892/93 nach Entwürfen von Regierungs-Baumeister Gause das Savoy-Hotel in die Höhe. Es verfügte über 180 Gastzimmer. In jeder der vier Etagen luden vier Badezimmer zum Erfrischen ein, im Erdgeschoß tat das eine Bierwirtschaft.*

Fisch aus der Spree schließlich wieder im Wasser aus der Spree.

Nun haben wir die Spree als Verkehrsträger, Nahrungsmittellieferant und Durstlöscher erlebt. Bleibt noch die Spree als Reinigungsmittel. Hätten Sie Lust, ein kleines Bad zu nehmen – wenn auch nicht direkt in den Fluten der Spree?

Während es im alten Rom nur so von Bädern wimmelte, mußten die Berliner bis zum Jahre 1802 darauf warten, daß Stadtphysikus Dr. Welper das erste »künstliche Wannenbad« an der Spree eröffnete. Doch nicht dorthin wollen wir, sondern in jenes der Friedrichstraße Nr. 137.

Kaufmann Falkenstein kam 1828 auf die gute Idee, in des Stadtphysikus reinlichen Spuren zu wandeln und in unmittelbarer Nähe der Spree ein Bad zum Zwecke der Sauberkeit und des Vergnügens der Berliner zu eröffnen.

Treten wir also ein in das saubere Vergnügen. Eine große Tafel verkündet, daß wir zwischen einem russischen Dampfbad für 15 Groschen und einem schlichten warmen Wannenbad »von Spreewasser« für einen Groschen wählen können. Allerdings nur, wenn wir uns mit einer Zinkwanne begnügen. Gelüstet es uns mehr nach einer Porzellanwanne, kostet das einen Sechser mehr. Höherer Gebrauchswert hatte damals schon seinen Preis.

Ein wenig schmeichelt uns der Gedanke, nicht irgendwo im Spreewasser zu liegen. »Wegen seiner vorzüglichen Einrichtung und großen Bequemlichkeit stehet diese Badeanstalt mit Recht unter der Reihe der vorzüglichsten in der Hauptstadt«, rühmte ein zeitgenössischer Reiseprospekt.

Gereinigt, vergnügt und geschniegelt verlassen wir das Bad. Wir könnten mal aufpassen, ob uns nicht Theodor Fontane begegnet.

Verlobung an der Brücke

Daß der Märkische Dichter ebenso oft wie gern die Friedrichstraße entlangspazierte steht außer Zweifel. Wer wie er regelmäßig ins Café Kranzler ging, lenkte seine Schritte sicher recht oft hierher. Und um von seiner Wohnung in der damaligen Louisen- und späteren Maternstraße zum Theater am Gendarmenmarkt (Schauspielhaus am Platz der Akademie) zu gelangen, in dem er später als Kritiker seinen Stammplatz hatte, mußte er ebenfalls über die Friedrichstraße. Zudem arbeitete Fontane eine zeitlang direkt dort, und nicht zuletzt erklärte er sich auf der Weidendammer Brücke seiner Liebsten. Von beiden Ereignissen berichtet uns der Schriftsteller in seinen autobiographischen Schriften.

Ostern 1845 war es, da hatte Theodor Fontane seinen Abschied vom Militär genommen. Er konnte sich also wieder seinem Beruf als Apotheker zuwenden. Drei Monate indes besann er sich, weil er keine ihm angemessene Stellung finden konnte.

»Erst zu Johanni trat ich in die ›Polnische Apotheke‹, Friedrichstraße, ganz in der Nähe der Linden, ein.« (Dort befindet sich heute, nahe der Mittelstraße, die Dorotheenstädtische Apotheke. – d. A.) »Was Wohnung und dergleichen anging, so stand alles dies hinter Leipzig und Dresden, wiewohl wir auch da nicht in diesem Punkte verwöhnt worden waren, um ein gut Teil zurück.« Da ihm die Wohnung im Hause der Apotheke nicht zusagte, zog er zu seinem Onkel in die Dorotheenstraße 60, die heutige Clara-Zetkin-Straße. Lange blieb Fontane nicht in der Apotheke in der Friedrichstraße. Im Spätherbst 1847 schon begann er in der Jungschen Apotheke im Haus Georgenkirch- Ecke Neue Königstraße (später Hans-Beimler-Straße).

Doch kehren wir in das für Fontane wichtige Jahr 1845 und in die Friedrichstraße zurück.

Am 8. Dezember erhielt er von Fräulein Emilie Kummer ein Briefchen. Er kannte sie aus frühester Jugend, hatte mit der »Jöre von nebenan« in der Großen Hamburger gespielt, sie dann aber aus den Augen verloren. Und in jenem Briefchen appellierte Emilie an Theodorens Ritterlichkeit. Er möge sie freundlicherweise nach einer kleinen Geburtstagsfeier nach Hause geleiten. Was sich dann abspielte, lassen wir uns mit seinen eigenen Worten

Theodor Fontane im Jahr 1843

schildern: »Und so kam es. Gleich nach zehn Uhr ... war das Fräulein da. Der noch zurückzulegende Weg war nicht sehr weit, aber auch nicht sehr nah: die ganze Friedrichstraße hinunter bis ans Oranienburger Tor und dann rechts in die spitzwinklig einmündende Oranienburger Straße hinein, wo die junge Dame in einem ziemlich hübschen, dem großen Posthof gegenüber gelegenen Haus wohnte. Da wir beide plauderhaft und etwas übermütig waren, so war an eine Verlegenheit nicht zu denken, und diese Verlegenheit kam auch kaum, als sich mir im Verlaufe des Gesprächs mit einem Male die Betrachtung aufdrängte: ›Ja, nun ist es wohl eigentlich das beste, dich zu verloben.‹ Es war wenige Schritte vor der Weidendammer Brücke, daß mir dieser glücklichste Gedanke meines Lebens kam, und als ich die Brücke wieder um ebensoviele Schritte hinter mir hatte, war ich denn auch verlobt. Mir persönlich stand dies fest. Weil sich aber die dabei gesprochenen Worte von manchen früher gesprochenen nicht sehr wesentlich unterschieden, so nahm ich plötzlich, von einer kleinen Angst gefaßt, zum Abschiede noch einmal die Hand des Fräuleins und sagte ihr mit einer mir sonst fremden Herzlichkeit: ›Wir sind aber nun wirklich verlobt.‹«

Die in der Friedrichstraße beschlossene Verlobung währte schließlich ein halbes Jahrzehnt, der hier besiegelte Bund ein ganzes Leben.

Emilie Rouanet-Kummet, Fontanes Verlobte, 1848

Grabstein der Fontanes auf dem Französischen Friedhof in der Wöhlertstraße

Der Admiralspalast

Zu den wenigen Gebäuden in der Friedrichstraße, die den zweiten Weltkrieg überdauerten, gehört das Haus mit der Nummer 101/102 in unmittelbarer Nähe des Bahnhofes. Nach wie vor wird es von Berlinern gern aufgesucht. Die einen wollen im leicht zerschlissenen Metropol-Theater, der Operetten-Bühne im Hof-Gebäude, einen Hauch Nostalgie genießen, die anderen leben mehr in der Gegenwart und freuen sich, wenn spitze Pfeile des Kabaretts »Die Distel« ins Schwarze treffen.

In der ersten Etage des Vorderhauses hatte sich seit den 50er Jahren der »Presse-Klub« etabliert, damals ein beliebter Anziehungspunkt für Künstler, Journalisten und Schriftsteller. Er glitt später in die behagliche Atmosphäre einer Stehbierhalle ab. Sein eigentlicher Daseinszweck schien darin zu bestehen, den ohnehin Kummer gewohnten Kabarettisten der »Distel« als Kantine zu dienen. Der viel prächtiger eingerichtete »Internationale Presse-Club« in der Mohrenstraße zeigte, um wessen Gunst man buhlte.

Im Erdgeschoß, direkt unter dem tristen Klub, hatte sich für lange Zeit das sogenannte Presse-Café etabliert. Dies wiederum strafte die offizielle Lesart Lügen, im Sozialismus hätte das älteste Gewerbe dieser Welt keinen Platz. Der Volksmund nannte das Etablissement hart–direkt »Café Internutt«.

Den eigentlichen Namen des Hauses verkündet eine Inschrift über der Toreinfahrt: Admiralspalast. Nicht, daß hier einst eine höhere Seefahrtschule ausbildete, nein, das bauliche Kleinod von Heinrich Schweitzer und Alexander Diepenbrock bedurfte nur eines angemessenen Namens. Man genieße von der gegenüberliegenden Straßenseite die reichgeschmückte Fassade des imposanten Mehrflügelbaus mit ihren kolossalen dorischen Säulen und den vielen Reliefs und frage sich dann, wie das Haus wohl sonst heißen könnte.

Der Admiralspalast war nach dem zweiten Weltkrieg, da Berlin in Trümmern lag, ein für damalige Verhältnisse nahezu idealer Versammlungsort: Er verfügte über einen intakten und repräsentativen Saal mit Hunderten von Plätzen, über eine ansehnliche Bühne und entsprechende technische Ausrüstungen. Weitere wichtige Vorteile: Es regnete nicht durch, und das stadtbekannte

Der Admiralspalast, 80er Jahre

DER ADMIRALSPALAST 61

Haus konnte zu Fuß oder per Fahrrad (damals mit Vollgummireifen) einigermaßen bequem erreicht werden.

Von hier aus rief Wilhelm Pieck (KPD) – später erster und einziger DDR-Präsident – am 19. September 1945 »das werktätige Volk in den Städten« dazu auf, die Bodenreform und ganz konkret das Landvolk zu unterstützen. So stellten Arbeiter aus Wilhelmsruh bis Ende 1945 unter anderem Pflüge – Schwerter zu Pflugscharen! –, 300 Handwagen und 300 000 Dachziegel für die neuen Bauern des Landes Brandenburg her. Gewiß nur ein Tropfen auf dem heißen Stein.

Auf derselben Veranstaltung wurde gefordert, Kartelle, Syndikate, Trusts und Konzerne zu entmachten, also ihre Besitzer zu enteignen. Im Januar 1946 geschah das mit der AEG-Apparatefabrik in Treptow, die in Volkseigentum überführt wurde, was immer das bedeutete. Etliche Jahre firmierte das Werk unter der Bezeichnung »J. W. Stalin«.

Genau einen Monat später, im Oktober 1945, legte der vom sowjetischen Stadtkommandanten, Generaloberst Bersarin, schon im Mai eingesetzte antifaschistische Magistrat im Admiralspalast Rechenschaft über die ersten Monate seiner Tätigkeit ab. Dem Magistrat gehörten damals bekannte Nazi-Gegner aus allen Bevölkerungsschichten an, etwa Pfarrer Heinrich Grüber. Über sein »Büro Grüber« hatte er zahlreiche jüdische Mitbürger aus Nazi-Deutschland ausschleusen und damit vor dem sicheren Tod in Konzentrationslagern retten können. An der Spitze des Magistrats stand der parteilose Dr. Arthur Werner als Oberbürgermeister. Als sein Stellvertreter fungierte der Kommunist Karl Maron, späterer Innenminister der DDR. Seine Tochter Monika half in den achtziger Jahren mit ihren literarischen Arbeiten, die Wende vorzubereiten.

Bersarin hatte darauf geachtet, einen politisch genehmen Magistrat zu haben. Von den 17 Mitgliedern gehörten neun der KPD, jeweils zwei der SPD und der CDU sowie vier keiner Partei an. Der frühere Reichsminister Andreas Hermes leitete das Ernährungswesen (kurze Zeit später sah er sich politischen Verfolgungen ausgesetzt, weil er sich gegen die Bodenreform wandte), der namhafte Chirurg Ferdinand Sauerbruch das Gesund-

*Oberbürgermeister
Dr. Arthur Werner bei
der Rechenschaftslegung
über ein halbes Jahr
Magistratsarbeit am
19. November 1945 im
Admiralspalast*

heitswesen und Hans Scharoun den Bau- und Stadtplanungsbereich. Der Magistrat amtierte mit dem Segen der sowjetischen Behörden in ganz Berlin und hatte gegenüber den Bezirken Weisungsrecht.

Über die ungeheuer schwierige Arbeit des Magistrats in jener Zeit brauchen nicht viel Worte gemacht zu werden. In der Stadt häuften sich 75 Millionen Kubikmeter Trümmer. Die Hälfte aller Gebäude war zerstört, ein Viertel des U-Bahn-Netzes stand nach Sprengungen durch die entmenschte SS unter Wasser. Von 226 Brücken hatten die Nazis 128 in die Luft gejagt. Hinzu kam, daß monatlich 500 000 Flüchtlinge aus den ehemaligen deutschen Ostgebieten glaubten, in Berlin unterkommen zu können. Trotz alledem konnte der Magistrat ganz bescheidene

Prof. Hans Scharoun (links), Stadtbaurat im ersten Magistrat von Berlin

Fortschritte feststellen. Langsam, ganz langsam begann Berlin wieder zu atmen.

Im Admiralspalast fand am 29. Januar 1946 auch der Festakt aus Anlaß der Wiedereröffnung der Berliner Universität statt. Dabei sprach ein Studentenvertreter dieses Gelübde: »Und also geloben wir dir, deutsches Volk, daß unsere Arbeit und unser Wissen nur noch deinem Wohle und dem der Menschheit dienen soll.« Die sozialdemokratische Publizistin Ruth Andreas-Friedrich schrieb darüber in ihr Tagebuch: »Verstohlen mustere ich die Gesichter der Umsitzenden. Asketische Köpfe, edle Profile. Die Elite Berlins hat sich hier zusammengefunden. Juristen und Mediziner, Theologen und Naturwissenschaftler, Forscher, Gelehrte und führende Männer der Stadtregierung – O Jahrhundert, o Wissenschaften, es ist eine Lust zu leben, denke ich, und das Herz klopft mir vor Freude. Wenn von hier aus der Aufbruch erfolgt, die Brücke zu neuen Ufern geschlagen wird ... nur noch deinem Wohle und dem der Menschheit dienen soll ... steht es als Vorsatz und Verheißung auf allen Gesichtern. Nichts ist verloren, nichts kann verloren sein, wenn diese Verheißung in Erfüllung geht.«

Zunächst sieht der Dienst an der Menschheit so aus: In der Charité sind Laboratorien zu enttrümmern, Patientenbetten zu beschaffen, nimmermüd Fensterscheiben einzusetzen...

Stätte der Parteitage

Nach dem schlimmsten aller Kriege schien es vielen Mitgliedern der KPD und der SPD nur natürlich, aufeinander zuzugehen und miteinander weiterzugehen. Die Frage nach der Mitschuld am Nationalsozialismus bewegte viele. Hatte man nicht in der Weimarer Republik aufeinander losgebrüllt und losgeschlagen, anstatt gemeinsam gegen die Faschisten vorzugehen? Litten in den düsteren Jahren nicht Kommunisten und Sozialisten – neben Christen und vielen anderen – Zelle an Zelle? Verbrannte man sie nicht im selben Krematorium?

»Selbständigkeit oder Verschmelzung? Immer mehr rückt diese Frage in allen Kreis- und Abteilungsversammlungen der Sozialdemokratischen Partei in den Vordergrund«, notierte Ruth Andreas-Friedrich am 14. Januar 1946 in ihr Tagebuch. »Natürlich Verschmelzung! Sagt das Gefühl.« Und sie läßt hernach auch den Verstand sprechen: »Heil Marx oder Heil Stalin? Heil Internationale oder Heil Sowjetrepublik? ... Seit neunundzwanzig Jahren heißt die Erscheinungsform des Sozialismus Union der Sozialistischen Sowjetrepubliken, heißt Abgetrenntheit von der Weltöffentlichkeit, heißt Staatskapitalismus, GPU, Angst, Unfreiheit und ausgerichtete Meinung. Sind das die Ideale des Erfurter Programms? Seit neun Monaten heißt die Erscheinungsform des deutschen Kommunismus Befehlsempfang aus Moskau. Stecken wir den Kopf in diese Schlinge, dann sind nicht nur wir selber, dann ist auch Berlin, dann ist ganz Ostdeutschland verloren.«

Geradezu prophetisch sagte sie 1946 voraus: »Möglich, daß wir ab morgen zwei Stadtregierungen und eine chinesische Mauer mit Wehrgang und Wachttürmen längs der Sektorengrenze haben.«

Der »Vereinigungsparteitag« im Admiralspalast beschäftigte auch Wolfgang Leonhard, Mitglied der Gruppe Ulbricht und Autor des autobiographischen Buches »Die Revolution entläßt ihre Kinder«. Er äußerte: »Ich war damals ein absolut überzeugter Anhänger und Verfechter der Vereinigung von KPD und SPD in der Hoffnung, aus beiden Parteien würde das Positivste sich in einer höheren Einheit verschmelzen: die Aktivität und militante Stärke der Kommunisten mit dem demokratischen Grundcharakter der Sozialdemokraten.«

Der Vereinigungsparteitag war für den 21. und 22. April 1946 angesetzt, der Admiralspalast dazu – wie das Protokoll festhielt – »ebenso festlich wie würdig geschmückt«. Weiter heißt es in der offiziellen Darstellung: »Vor dem Admiralspalast, auf der Friedrichstraße, wogte eine riesige Menschenmenge. Mehr als tausend Delegierte und Ehrengäste, dazu noch eine größere Zahl von Gästen und Zuhörern, füllten den Raum bis auf den letzten Platz. Lebhaft und herzlich war durchweg die persönliche Begrüßung alter Kampfgenossen aus bisher getrennten Parteilagern nach jahrzehntelanger Spaltung.«

Mit im Admiralspalast: Erich Honecker. In seinem Buch »Aus meinem Leben« schildert er seine Sicht der Dinge:

»Um zehn Uhr betraten Wilhelm Pieck und Otto Grotewohl von verschiedenen Seiten die Bühne und reichten sich in der Mitte die Hände. Minutenlanger Beifall brauste auf. ›Ein alter Traum ist Wirklichkeit geworden! Die Einheit der deutschen Arbeiterklasse‹, sagte Otto Grotewohl, und Wilhelm Pieck antwortete: ›Wir werden unsere Sozialistische Einheitspartei zu der Millionenpartei des deutschen Volkes machen, um damit alle inneren Feinde zu schlagen, um das große Werk zu vollenden, das wir uns als Ziel gesetzt haben: den Sozialismus.‹ Unauslöschlich blieben diese Worte in meinem Gedächtnis. Durch ihren Händedruck besiegelten die Vorsitzenden der KPD und SPD die Vereinigung.«

Nachdem die Delegierten einstimmig den Beschluß über die Vereinigung von KPD und SPD zur SED gefaßt und »Die Internationale« gesungen hatten, wählten sie Wilhelm Pieck und Otto Grotewohl zu Vorsitzenden der SED und den Parteivorstand, dem auch Erich Honecker als ein Vertreter der Jugend angehörte.

Wolfgang Leonhard befand sich ebenfalls unter den Teilnehmern des Ereignisses im Admiralspalast. So erlebte er diese denkwürdigen Tage: »Otto Grotewohl erklärte auf diesem Vereinigungsparteitag ..., in keiner deutschen Partei sei die Achtung vor den Rechten der Persönlichkeit und den Lebensrechten der Menschen so groß wie in der jetzt zu bildenden Sozialistischen Einheitspartei Deutschlands. Hinzu kam noch etwas: Alle Leitungen auf allen Ebenen sollten paritätisch aus Kommunisten und Sozialdemokraten zusammengesetzt werden ... Und schließlich, häufig vergessen bei Historikern, der entscheidende Satz in der Rede von Otto Grotewohl: Mit der Gründung der Sozialistischen Einheitspartei Deutschlands hätten wir jetzt eine solche Stärke, eine solche Sicherheit für den Bestand der Sowjetischen Zone Deutschlands, daß wir ›auf die Bajonette der Russen nicht mehr angewiesen‹ sein würden. Das bedeutete ja auch die Hoffnung, durch die Gründung der SED Herr im eigenen Hause zu sein.« All das habe ihn beim Vereinigungsparteitag dazu gebracht, zu klatschen und wirklich große Hoffnung zu haben, mit der SED würden ein eigenständiger Weg zum Sozialismus und demokratische Möglichkeiten geschaffen. »Unnötig, zu sagen, daß ich schon wenige Monate später zu erkennen begann, daß dies eine Illusion gewesen war.«

Ruth Andreas-Friedrich stritt und focht weiter für ihre SPD, und Wolfgang Leonhard floh über das »abtrünnige«

Der Händedruck zwischen Otto Grotewohl und Wilhelm Pieck beim sogenannten Vereinigungsparteitag von KPD und Teilen der SPD zur SED am 21. April 1946

Das Podium des ersten Frauenkongresses, auf dem der ›Demokratische Frauenbund Deutschlands‹ gegründet wurde; am Mikrophon die erste Vorsitzende, Dr. Annemarie Durant-Werner, 1947

Jugoslawien in den Westen. Erich Honecker hing weiter der Illusion eines machbaren Sozialismus an, der schließlich in den real existierenden Sozialismus und in den Bau einer chinesischen Mauer mit Wehrgang und Wachttürmen mündete.

Der Volksmund deutete den Händedruck auf seine Weise: Eine Hand wäscht die andere.

Der II. Parteitag der SED fand gleichfalls im Admiralspalast statt, am 24. September 1947. Um ihren Einfluß zu erhöhen, forderte die Partei von hier aus eine Erweiterung der Blockpolitik durch Einbeziehung sogenannter Massenorganisationen wie den Gewerkschaftsbund FDGB, die Jugendorganisation FDJ und den Kulturbund. Damit stellte sie sich konfrontativ gegen eine Forderung des damaligen CDU-Vorsitzenden Jakob Kaiser vom 12. Juli 1947, daß nur Parteien als Träger des politischen Lebens tätig sein dürften. Ihm und anderen Politikern war nicht entgangen, daß diese Organisationen unter mehr oder minder deutlichem Einfluß der Einheitspartei standen.

Vom 6. bis zum 8. September 1947 trafen sich dann im Admiralspalast die Delegierten der CDU der Sowjetischen Besatzungszone und Berlins zu ihrem II. Parteitag. Jakob Kaiser forderte, einen Konsultativrat für Deutschland als Vorstufe zur Errichtung deutscher Zentralverwaltungen zu bilden. Er bejahte den Marshallplan und trat darüber hinaus für einen gemeinschaftlichen Hilfsplan des Westens und Ostens ein. Drohungen der SED-Presse gegen ihn, wies er zurück. Schließlich stellte er fest, daß die CDU den dogmatischen Marxismus ablehne und sich gegenüber seinen totalitären Tendenzen als Wellenbrecher betrachte.

Weitere Parteitage der CDU im Admiralspalast fanden im September 1950 und im Oktober 1952 statt.

Die Spaltung der Stadtverwaltung

Hochdramatisch verlief – schon im Vorfeld – am 30. November 1948 eine außerordentliche Stadtverordordnetenversammlung im allseits genutzten Admiralspalast. Die Versammelten – Vertreter von Parteien und Massenorganisationen sowie von Berliner Betrieben – erklärten den Magistrat von Groß-Berlin wegen »Mißachtung elementarster Lebensinteressen Berlins und seiner Bevölkerung und ständiger Verletzung der Verfassung« für abgesetzt und bildeten einen provisorischen demokratischen Magistrat.

Arnold Gohr (CDU) erinnert sich: »Als ich zur Mittagszeit am Admiralspalast eintraf, waren Vorhof und Eingang von einer Menschenmenge angefüllt. Hochgespannte Erwartung herrschte. Jedermann war sich bewußt, daß eine bedeutungsvolle Entscheidung herangereift war, die in den nächsten Stunden gefällt würde.«

Das Podium der Friedenskundgebung des Kulturbundes zur Eröffnung der ›Kulturbundwoche‹ im Admiralspalast (ganz links im Bild:) Helene Weigel, rechts vom Mikrophon Bertolt Brecht, Ernst Legal, Alexander Abusch, Arnold Zweig und Hanns Eisler, 1949

Um 13.25 Uhr eröffnete der zweite stellvertretende Stadtverordnetenvorsteher Ottomar Geschke (SED) die Sitzung mit den Worten: »Ich hielt es für meine Pflicht, diese Tagung einzuberufen, um alles zu tun, damit Berlin gerettet werden kann.« Die Versammelten wählten Friedrich Ebert (SED), Sohn des ehemaligen Reichspräsidenten, einstimmig zum Oberbürgermeister, zu seinen drei Stellvertretern Arnold Gohr (CDU), Erich Geske (SPD-Ost) und Reinhold Schwarz. (Büros der SPD gab es in Berlin-Ost noch bis 1961.)

In seiner Antrittsrede versprach Ebert, die Lebenshaltung der Berliner zu verbessern. Es sollte Holz und Kohlen geben, mehr elektrischen Strom und zusätzliches Geld in die Lohntüte. Zudem sollte eine Textilkarte eingeführt werden. Er zeichnete auch bestimmte Richtungen vor: enge Zusammenarbeit mit den Ländern im Osten sowie Durchführung des Sozialisierungsgesetzes und des Zweijahresplanes.

Die Katze aus dem Sack ließ der frischgebackene Oberbürgermeister mit der selbstgerechten Bemerkung, die »Wahl des neuen Magistrats« mache die vorgesehene »rechtswidrige Spalterwahl« völlig gegenstandslos. Offensichtlich lagen ihm, seinen Genossen und denen, die hinter ihm standen, die ersten freien Wahlen nach 1933 schwer und unverdaut im Magen. Diese Wahlen, die unmittelbar, gleich und geheim waren, hatten am 20. Oktober 1946 im Einvernehmen mit den alliierten Kommandanten stattgefunden. Daß sie überhaupt über die politische Bühne gingen, ist sicher der Selbstüberschätzung der jungen SED zuzuschreiben. Offensichtlich hatten die sowjetischen Besatzungsbehörden geglaubt, ihre guten Taten für Berlin und ihre Propaganda reichten für einen Wahlsieg der von ihnen favorisierten Kommunisten aus. Die wiederum mochten sich in dem Glauben wiegen, an beachtliche Wahlerfolge in den zwanziger und dreißiger Jahren anknüpfen zu können. Das Wahlergebnis vom 20. Oktober 1946 muß für beide Partner niederschmetternd gewesen sein – es wurde alsbald in die tiefsten Archive verbannt und damit aus dem öffentlichen Bewußtsein der DDR verdrängt. Hätten die sowjetischen Besatzungsbehörden es geahnt, wäre ein Veto gegen die Wahlen so sicher wie das Amen in der Kirche gewesen.

Häusertelegramm Nr. 229 (nicht erhalten)
Nach Plänen von Gustav Knoblauch, Oberbauleiter bei der Errichtung der Neuen Synagoge in der Oranienburger Straße, schuf Bauinspektor Weber in den Jahren 1875-79 ein viergeschossiges Gebäude, in dem das Seminar für Stadtschullehrer untergebracht wurde. »Die Anstalt ist auf 98 Zöglinge mit dreijährigem Cursus berechnet, von denen 80 im Internat sich befinden«, heißt es in einer Erläuterung.

DIE SPALTUNG DER STADTVERWALTUNG

In Berlin betrug die Wahlbeteiligung sage und schreibe 92,3 Prozent. Die SPD erhielt 48,7 Prozent aller Stimmen und zog mit 63 Sitzen in die neue Stadtverordnetenversammlung ein, gefolgt von der CDU mit 22,2 Prozent und 29 Sitzen. Die gerade gebildete, mit viel Vorschußlorbeer bedachte Sozialistische Einheitspartei Deutschlands mußte sich mit 19,8 Prozent der Stimmen zufriedengeben. Die LDP kam auf 9,3 Prozent und 12 Sitze.

Bei der SED war Katerstimmung angesagt; doch die Freunde wollten's schon richten.

Die Stadtverordnetenversammlung wählte unter ihrem Vorsteher Otto Suhr (SPD) den Sozialdemokraten Otto Ostrowski zum Oberbürgermeister. Nach Querelen mit seiner Partei – sie wollte nicht wie dieser mit der SED ein gemeinsames Arbeitsprogramm erarbeiten – trat er zurück. Gegen den nächsten Oberbürgermeister – mit 89 Ja- und 17 Nein-Stimmen bei zwei Enthaltungen mehr als deutlich von den Stadtverordneten gewählt – legte der sowjetische Stadtkommandant sein Veto ein. Es ging um Ernst Reuter (SPD), den späteren Regierenden Bürgermeister. An seiner Stelle mußte Louise Schröder (SPD) amtieren. Da diese längere Zeit krank war, trat Bürgermeister Ferdinand Friedensburg (CDU) an ihre Stelle.

Die Politik gezielter Nadelstiche setzte sich fort, so daß dem frei gewählten Stadtparlament und dem Magistrat das Regieren in der ohnehin durch die Kriegsfolgen ungemein komplizierten Lage der Stadt mehr als schwer gemacht wurde. Das politische Ziel der sowjetischen Kommandantur war offenkundig: beide Gremien sollten

Der Berliner Magistrat während einer von Oberbürgermeisterin Louise Schröder geleiteten Sitzung

ausgeschaltet werden. Der Magistrat konnte direkt von ihr paralysiert, doch für die Stadtverordnetenversammlung mußte ein scheinbar demokratischer Weg gefunden werden.

Als Gegengremium fungierte jene im Admiralspalast auf Betreiben der SED zusammengekommene außerordentliche Stadtverordnetenversammlung. Die Bezeichnung ist natürlich ein Hohn, wenn man bedenkt, daß sich unter den 1 616 Teilnehmern tatsächlich nur 23 Stadtverordnete befanden. Die übergroße Mehrheit der Versammelten strömte aus Betrieben herbei: 1 151. Dort seien sie gewählt worden, hieß es. Aber nur eine einzige Partei – die SED – hatte ihre Zellen damals in den Betrieben, und so konnte nur sie ihren Einfluß bei diesen vermeintlichen Wahlen geltend machen.

Folgerichtig protestierten – wenngleich ohne Erfolg – die drei westlichen Militärgouverneure beim sowjetischen Oberbefehlshaber, Marschall Sokolowski, gegen die illegale Errichtung des »Ostsektor-Magistrats«. Sie betonten, der vom Volk gewählte Magistrat sei für sie der rechtmäßige Vertreter der Berliner Verwaltung. Der britische Stadtkommandant, Generalmajor Herbert, sprach von einem »Theater« im sowjetischen Sektor, es sei der Gipfel der sowjetisch inspirierten Versuche, der Stadt den Willen einer kommunistischen Minderheit aufzuzwingen. Oberst Howley (USA) verwies darauf, daß Aktionen und Reden im Admiralspalast jeder Legalität entbehren.

Schließlich gab der frei gewählte Magistrat eine Erklärung ab, in der es heißt: Eine willkürlich gebildete Personengruppe hat sich am 30. November 1948 ohne jede demokratische Vollmacht das Recht angemaßt, eine Stadtverwaltung einzusetzen. Demgegenüber stellt der Magistrat von Groß-Berlin fest, »daß lediglich die aus den demokratischen Wahlen vom 20. Oktober 1946 hervorgegangenen städtischen Körperschaften berechtigt und verpflichtet sind, namens der Stadt Berlin zu sprechen und zu handeln.«

Ruth Andreas-Friedrich hatte zu Jahresbeginn notiert: »Möglich, daß wir ab morgen zwei Stadtregierungen und eine chinesische Mauer mit Wehrgang und Wachttürmen längs der Sektorengrenze haben.« Wie prophetisch, wie klug, wie traurig.

Mit dem »Deutschen Volkskongreß für Einheit und gerechten Frieden«, der am 6. und 7. Dezember 1947 im Admiralspalast zu seiner ersten Tagung zusammentrat, versuchten die SED und die mit ihr verbündeten politischen Kräfte, die Einheit Deutschlands in ihrem Sinne zu befördern. Aus dem 1948 auf der zweiten Tagung gewählten »Deutschen Volksrat« ging am 7. Oktober 1949 die Volkskammer der DDR hervor

Blick in die Historie des Admiralspalastes

Hallenbad im Admiralsgarten, Herrenbad

Selbstredend ist in dem imposanten Gebäude nicht nur Geschichte gemacht worden – es hat auch selbst eine Geschichte.

Zunächst entstand in den Jahren 1873/74 auf dem Gelände Friedrichstraße 102 nach den Plänen der Baumeister und Kompagnons Kylmann & Heyden das Admiralsgartenbad. Bereits 1887 erfolgte ein bedeutender Umbau, weil eben an dieser Stelle eine starke Solquelle entdeckt worden war. Für den Umbau zeichnete Regierungsbaumeister Gause verantwortlich. Danach präsentierte das Bad den Berlinern eine Schwimmhalle, ein Salonbad, 62 Wannenbäder erster und zweiter Klasse, zwei elektrische Bäder, ein russisch-römisches Bad, eine Naturheilanstalt sowie 41 Solbäder.

Den Herren Heinrich Schweitzer und Alexander Diepenbrock reichte das nicht aus. Sie erweiterten 1910-

Admiralsgartenbad, Damenbad

1911 das ohnehin nicht gerade kleine Admiralsgartenbad zum Admiralspalast mit Café, Kino, Eis-Arena und Luxusbad. Interessanterweise hatten an anderen Stellen der Stadt weitere Bohrungen nach Solquellen in 200 bis 250 Metern Tiefe zum sprudelnden Erfolg geführt – beispielsweise am Alexanderplatz. Flugs errichteten tüchtige Geschäftsleute auch dort ein Bad und gaben ihm den Namen Admiralsgartenbad.

Das Architekten-Duo Cremer & Wolffenstein trennte sich von der ehemaligen Eis-Arena und baute im rückwärtigen Trakt im Jahre 1922 ein Theater ein. Paul Baumgartner veränderte 1940 den zweirangigen Zuschauerraum und zierte die Rangbrüstungen mit ansehnlichen Reliefs.

Da wir gerade im Theater sind, wollen wir uns den Bühnen des Hauses zuwenden.

Eis-Arena im Admiralspalast, um 1910

Zehn Jahre Staatsoper-Gastspiel

Der weltberühmte Theaterbau von Knobelsdorff in der Prachtstraße Unter den Linden erlitt seine ersten Bombenschäden im zweiten Weltkrieg, als die Nationalsozialisten noch von ihrem »Tausendjährigen Reich« träumten: in der Nacht vom 9. zum 10. April 1941. Nach Instandsetzung spielte die Bühne bis 1944. Mit Mozarts »Figaros Hochzeit« mußte sie sich am 31. August verabschieden, weil Goebbels die Schließung aller Theater angeordnet hatte. Das Ensemble der Staatsoper wurde in Rüstungsfabriken dienstverpflichtet. Ausgenommen blieben die Orchestermitglieder. Konzerte der Staatskapelle gingen bis 1945 weiter. Sie sollten die »Wehrkraft des Volkes« stärken. Beim Tagesangriff anglo-amerikanischer Bomber am 3. Februar 1945 schlug die letzte Stunde des berühmten Bauwerkes. Allein das Bühnenhaus erlitt drei Bombenvolltreffer, der Zuschauerraum brannte aus.

Nach Kriegsende befahl der sowjetische Militärkommandant Generaloberst Nikolai E. Bersarin bereits am 15. Mai 1945, alle Kunstinstitute unverzüglich wieder in Gang zu bringen. Der von Bersarin zum Intendanten ernannte Heinz Tietjan kapitulierte vor dieser schweren Aufgabe.

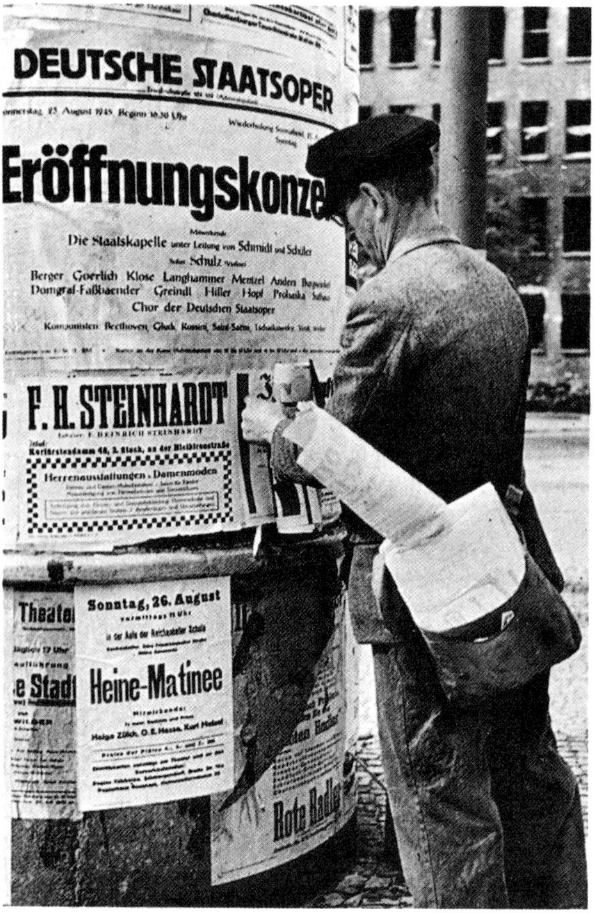

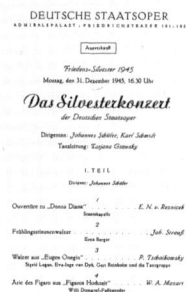

Litfaß-Säule mit dem Plakat für das Eröffnungskonzert der Deutschen Staatsoper am 23.August 1945 im Admiralspalast

Programm des Silvesterkonzerts 1945

DEUTSCHE STAATSOPER

ADMIRALSPALAST · FRIEDRICHSTRASSE 101-102

Ausverkauft

Friedens-Silvester 1945

Montag, den 31. Dezember 1945, 16.30 Uhr

Das Silvesterkonzert

der Deutschen Staatsoper

Dirigenten: Johannes Schüler, Karl Schmidt

Tanzleitung: Tatjana Gsovsky

I. TEIL

Dirigent: Johannes Schüler

1

Ouvertüre zu „Donna Diana" . . . . E. N. v. Reznicek

Staatskapelle

2

Frühlingsstimmenwalzer . . . . Joh. Strauß

Erna Berger

3

Walzer aus „Eugen Onegin" . . . . P. Tschaikowsky

Sigrid Logan, Eva-Inge van Dyk, Gert Reinholm und die Tanzgruppe

4

Arie des Figaro aus „Figaros Hochzeit" . . . . . W. A. Mozart

Willi Domgraf-Faßbaender

»Das Berliner Opernwesen ist trostlos.« Noten, Kostüme, Instrumente, Dekorationen, Beleuchtung und dergleichen seien fast restlos vernichtet. »Sofort kann nirgends gespielt werden.« So wurde am 26. Juni 1945 der Schauspieler Ernst Legal zum Intendanten ernannt, und er versprach, »den Betrieb der Staatsoper nach besten Kräften zu fördern und seine Geschlossenheit zu bewahren«. Als Spielstätte übergab die sowjetische Zentralkommandantur den Admiralspalast in der Friedrichstraße.

Anläßlich des großen Eröffnungskonzertes am 23. August 1945 überreichte der damalige Oberbürgermeister Dr. Arthur Werner den symbolischen Schlüssel an Ernst Legal. Zwei Wochen später fand mit Glucks »Orpheus und Eurydike« die festliche Eröffnungspremiere statt. Der Admiralspalast war bis auf den letzten Platz gefüllt.

Das Gastspiel sollte zehn Spielzeiten währen. Die Berliner gewöhnten sich daran, daß sich ihre Staatsoper nunmehr in der Friedrichstraße befand. In diesen zehn Jahren brachte die Staatsoper insgesamt 59 Inszenierungen – darunter zwei Uraufführungen – heraus. Nimmt man eine durchschnittliche Besucherzahl von 1100 pro Vorstellung – und deren gab es insgesamt 2500 –, so erlebten 2,75 Millionen Opernfreunde im Admiralspalast unvergeßliche Stunden. Zu erwähnen sind zudem 21 Ballettwerke sowie 83 Sinfonie- und Chorkonzerte. Und das alles nach so schwierigem Beginn, bei dem Ernst Legal einen so fein reagierenden Apparat, wie es der Opernbetrieb nun einmal ist, wieder zusammenfügen mußte.

Der Intendant hatte damals hoffnungsvoll geschrieben: »Die neue Staatsoper, nunmehr im ehemaligen Admiralspalast beheimatet, kündigt als erste Aufführung der Winterspielzeit ›Orpheus und Eurydike‹ von Christoph Willibald Gluck an ... In der Wahl dieses Werkes und dieses Komponisten liegen Programm und Bekenntnis zur besten deutschen Operntradition, an die wir mit vollem Bewußtsein anknüpfen... Unsere Hände waren zwar leer, aber wir selbst waren voll Entschlossenheit, den Kampf zur Rettung unseres kostbarsten Kulturgutes

Yehudi Menuhin und Wilhelm Furtwängler nach ihrem gemeinsamen Konzert im Admiralspalast am 2. Oktober 1947

aufzunehmen. *Labor omnia vincit improbus* heißt es an einer Stelle bei Vergil, die unablässige Arbeit besiegt alles. Nach diesem Motto taten die Ensemble-Mitglieder das Ihre.

Und sie schauten natürlich auch, was sich Unter den Linden an der ehemaligen Spielstätte tat. Erfreut nahmen sie auf, daß im Juni 1951 der Wiederaufbau unter Leitung von Professor Richard Paulick begann, daß die feierliche Grundsteinlegung ein Jahr später stattfand und im April 1953 bei strahlendem Frühlingswetter das Richtfest gefeiert werden konnte. Kurz nach Weihnachten 1954 begannen die ersten Proben, bereits unter dem neuen Intendanten Max Burghardt. Derweil wurde an der Bühne noch emsig gearbeitet.

Admiralspalast mit Metropol-Theater, 80er Jahre

Intendanz und Verwaltung der Deutschen Staatsoper zogen am 1. März 1955 aus dem Admiralspalast aus, der am 14. Juni des gleichen Jahres mit Mozarts »Cosi fan tutte« die letzte Vorstellung des zehn Jahre währenden Gastspieles erlebte.

Am 4. September 1955 war es schließlich soweit: Mit der Festaufführung der Wagnerschen »Meistersinger von Nürnberg« unter der musikalischen Leitung von Franz Konwitschny wurde der sorgfältig wiederhergestellte Knobelsdorffsche Prachtbau Unter den Linden neueröffnet. Der Umzug vom Admiralspalast in den Knobelsdorff-Bau machte jedoch nicht allein die Mitglieder des Staatsopern-Ensembles glücklich, sondern auch das Ensemble des Metropol-Theaters.

Zuschauerraum im Admiralspalast, April 1946

Das Metropol-Theater

Metropol zu Weihnachten 1955: Endlich konnte das Ensemble dieser traditionsreichen Berliner Bühne wieder in einem angemessenen Domizil auftreten: im Admiralspalast. Eine schwungvolle »Fledermaus«-Aufführung ließ die große Freude ahnen, mit der die Theaterleute vom doch recht engen jetzigen Film-Theater »Colosseum« in der Schönhauser Allee in das Gebäude am Bahnhof Friedrichstraße umzogen. Wolfgang E. Struck, später Intendant des Friedrichstadt-Palastes, sorgte für eine glanzvolle Auftakt-Inszenierung, in der Martin Ritzmann den Eisenstein sang (ihm gelang danach der Sprung auf die Bretter der Staatsoper) und Marioara Vaidas eine liebenswerte Adele spielte.

Begonnen hatte das heitere Berliner Musiktheater im vorletzten Jahr das vorigen Jahrhunderts an jener Stelle, an der sich heute die Komische Oper in der Behrenstraße befindet. Die erste Ausstattungsposse trug den Titel »Paradies der Frauen«. Sie erwies sich, wie die folgenden auch, als bombastisches Windei: großer finanzieller Aufwand für eine banale Geschichte. Der Vergnügungsrummel rund um die Friedrichstraße hatte einen neuen Anziehungspunkt.

Etwa ab 1915 verdrängte die Operette endgültig die seichten Possen, und es kamen uns heute noch bekannte Stars auf die Bühne. So sangen und spielten Gitta Alpar, Fritzi Massary, Maria Jeritza, Käthe Dorsch, Trude Hesterberg, Michael Bohnen, Leo Slezak und Richard Tauber das, was Leo Fall, Emmerich Kálmán, Franz Lehár, Walter Kollo und Paul Lincke komponierten.

Um 1939

In der Nazi-Zeit änderte sich der Charakter des Metropol-Theaters. Zeitweilig war es sogar ein Nacht- und Nacktlokal. Im Jahre 1944 mußte es – wie alle Bühnen – seine Pforten schließen. Im Juni 1944 trafen erste Bomben das Gebäude, das endgültig am 9. März 1945 zerstört wurde.

Mit einem Operetten-Abend eröffnete das neue Metropol-Theater am 2. August 1945 im jetzigen Kino »Colosseum« die erste Spielzeit nach dem zweiten Weltkrieg. Wenige Wochen darauf folgten mit »Paganini« von Franz Lehár und »Dollarprinzessin« von Leo Fall zwei Pre-mieren. Übrigens stand dort Horst Buchholz zum ersten Mal auf der Bühne; damals allerdings noch als Statist.

Ein Wandel zum realistischen Musiktheater der heiteren Muse begann im Jahre 1950, als Hans Pitra – zuvor an der Dresdner Volksbühne – zum Intendanten berufen wurde. Drei wesentliche Linien kennzeichneten seine Arbeit: Meisterwerke der klassischen Operette wurden gesichtet und in realistischen Aufführungen neu vorgestellt; kritisch war zu prüfen, was die späte Operette an Anregungen oder Erhaltbarem hervorgebracht hat; zudem wurden neue Werke aufgeführt. Mit Herbert Kawans »Treffpunkt Herz« offerierte das Metropol bereits 1951 die erste Gegenwartsoperette. Weitere folgten: »Jedes Jahr im Mai«, »Wer braucht Geld« (1962 Neufassung unter dem Titel »In Frisco ist der Teufel los«), »Messeschlager Gisela« und »Mein Freund Bunbury«.

Bald vier Dezennien hat das heitere Berliner Musiktheater nun seine Heimstatt in der Friedrichstraße. Mit klassischen wie auch zeitgenössischen Operetten und mit modernen Musicals fand sich ein treuer Zuschauerkreis, der dem Werbeslogan »...wieder mal ins Metropol« gefolgt ist.

Die »Distel«: Stachlig, ansehnlich und unter Naturschutz

Sie werden sich schon etwas dabei gedacht haben, die Berliner Berufs-Kabarettisten, als sie sich den Namen »Distel« gaben. Das Kraut kann stechen und sieht dennoch recht ansehnlich aus. Der »Tagesspiegel« knüpfte 1953, als das Kabarett im Admiralspalast aus der Taufe gehoben wurde, an den Namen an: »Dem Anschein nach kann es sich nur um die Gattung tintoruus - Färberdistel – handeln. Deren streng riechende Blüten wurden schon im Altertum zum Rotfärben gern genutzt.«

Da irrte sich das Blatt; denn rotfärbendes, also in diesem Sinne positives Kabarett ist schlicht unmöglich, wenngleich von der Obrigkeit immer wieder gefordert. Millionen Besucher, die sich an Distel-Programmen wie »Hurra – Humor ist eingeplant«, zum Auftakt 1953 noch unter Erich Brehm, »Revue der Gekränkten«, »Der Freiheit eine Gasse« und »Vorwärts und nichts vergessen« amüsiert haben, werden das gern bestätigen: Die »Distel« wuchs fast immer auf sehr schmalem Grat. Nicht nur einmal pro Vorstellung hielten die Zuschauer den Atem an und fragten sich ob der politischen Brisanz des Gebotenen, wie lange die Frauen und Männer auf der Bühne das denn noch dürften.

Die besten Sketchs waren immer die, die schlicht und einfach der Wahrheit entsprachen, also nicht einmal satirisch überhöht daherkamen. Sofort entstand ein schreiender Gegensatz zu dem, was beispielsweise in der offiziellen Presse zu lesen oder in der »Aktuellen Kamera« zu sehen war. »Ja, so ist es«, sagten viele und lachten. Nicht selten unter Tränen, nicht selten aus Dankbarkeit, endlich mal die Wahrheit gehört zu haben. Daß da im Publikum auch welche sich vor Lachen die Schenkel klopften, obwohl sie selbst die Zielscheibe des bissigen Spottes waren, mein Gott, das ist wohl in allen Kabaretts der Welt zu beklagen. Im Publikum saßen auch immer einige, die lachten überhaupt nicht. Sie paßten nur auf. Und andere mit essigsaurer Miene. Sie wollten eine rotfärbende »Distel«.

Seit Anbeginn also ist die »Distel« im Admiralspalast und dortselbst im ehemaligen Admiralskino zu Hause. Zum zwanzigsten Geburtstag schrieb Stadtverordneter Prof. Dr. Günter Wirth den Akteuren ins Stammbuch: »Nach dem Naturführer ›Pflanzen und Tiere‹, Leipzig,

Jena, Berlin 1973, dritte Auflage, Seite 128, wird die Nikkende Distel gewöhnlich zwei Jahre alt. Ihr seid nun zwanzig Jahre – und dies u. a. deshalb, weil Ihr nicht nur eine nickende Distel wart und seid, sondern auch eine, die kräftig den ›Kopf schütteln‹ kann zu allen negativen Erscheinungen unseres Landes. Mit Recht seid Ihr daher ›versilbert‹ worden – seid jetzt also eine Silberdistel, *Carlina acaulis*.« Jeder weiß, daß die *Carlina acaulis* unter Naturschutz steht, also nicht gepflückt werden darf.

Satiriker, die im Ländchen einen Namen hatten, schrieben für die »Distel«, die lange Jahre von dem Österreicher Otto Stark am Blühen gehalten wurde, etwa Hans Rascher, Kurt Bartsch, Manfred Bartz, Peter Ensikat, Harry Fiebig, Kurt Witt, Jochen Petersdorf, Ernst Röhl, Hansgeorg Stengel, Lothar Kusche und andere. Mitgearbeitet an Distel-Programmen haben auch Hanns Eisler, Paul Dessau, Jean Kurt Forest und Peter Hacks.

Nach der Wende sehen sich die Kabarettisten – jetzt unter der Leitung von Gisela Oechelhäuser – vor neue Probleme gestellt. Die alten Themen ziehen nicht mehr so recht, mit den »Stachelschweinen« gibt es Konkurrenz, Subventionen fielen, und das Publikum bleibt fort. Die Umbruchzeit fordert Tribut.

Die »Distel« befindet sich im Admiralspalast an traditionsreicher Kabarett-Stätte. Zunächst fand im Saaltheater ausgesprochen mondäne Unterhaltung statt, was das »Organ der Varietéwelt« zu Beginn unseres Jahrhunderts zur bewundernden Bemerkung veranlaßte: »Ein eleganter intimer Raum, Rot in Rot, das undefinierbare Parfüm der vornehmen Welt, das diskrete Frou-Frou seidener Traumgewänder und das Milieu raffinierter Genußmenschen nehmen uns sofort gefangen.« In den zwanziger Jahren hieß die Stätte »Roland von Berlin« und war ein Kabarett. Auf der Bühne stand unter anderem Ernst von Wolzogen, für an- und entsprechende Musik sorgte beispielsweise Walter Kollo.

Übrigens hatte die »Distel« in der Nachkriegszeit zwei Vorgänger. Ab 1949 wurde Satire von der »Kleinen Bühne« geboten, seit 1951 hieß das Kabarett von Ostberlin »Frischer Wind« – wie der Vorläufer des satirischen Blattes »Eulenspiegel«.

Der Bahnhof Friedrichstraße, von der Spreeseite aus gesehen, mit Blick auf Reichstagsufer und Georgenstraße,

etwa 20er Jahre

86 DER BAHNHOF FRIEDRICHSTRASSE

Der Bahnhof Friedrichstraße

Wenn man über die Friedrichstraße in der Richtung auf den Bahnhof zugeht, sieht man oft eine mächtige D-Zuglokomotive in der Höhe halten. Sie steht genau oberhalb der Straßenmitte und gehört zu irgend einem Fernzug, der aus dem Westen kommt oder nach dem Osten führt. Erregt sie das Aufsehen der Menge? Niemand blickt zu ihr hin. Cafés, Schaufensterauslagen, Frauen, Automatenbüfetts, Schlagzeilen, Lichtreklamen, Schupos, Omnibusse, Varietéphotos, Bettler – alle diese Eindrücke zu ebener Erde beschlagnahmen den Passanten viel zu sehr, als daß er die Erscheinung am Horizont richtig zu fassen vermöchte.« – Impressionen aus der Friedrichstraße, die der Journalist Siegfried Kracauer vor mehr als einem halben Jahrhundert einfing. Kurze Zeit nach Erscheinen seines Feuilletons mußte er vor den Nazis ins Ausland fliehen.

Zunächst Lokomotiven, dann auch S-Bahnen über den Köpfen der Passanten mitten in quirliger Großstadt, das hat seit der Eröffnung des Bahnhofes im Jahre 1882 immer wieder Maler und Fotografen begeistert, gehört auch in unseren Tagen zu den Berliner Besonderheiten. Aller-

Bahnhof Friedrichstraße, Blick in nördliche Richtung, etwa 1937

dings haben die Berliner wenig Muße, dieses technische Meisterwerk zu bestaunen. Selbst Schaufensterauslagen werden weniger als der Verkehr beachtet. Gerade am Bahnhof ist es mit Gefahren verbunden, außerhalb des geschützten Überweges oder der Ampeln auf die andere Straßenseite zu gelangen. Nicht wenige Passanten rasen den Gehweg entlang, als gelte es, neue Rekorde aufzustellen. Dabei wollen sie nur einen der Busse erreichen – als führe danach nichts mehr.

Nur hin und wieder bleibt einer stehen, legt den Kopf ins Genick, bewundert den Viadukt sowie die damit verbundene großartige Ingenieurleistung. Sie war notwendig geworden, weil die Pferdeomnibusse – sie zuckelten seit 1839 durch die Straßen- und Pferdestraßenbahnen – seit 1865 – die Menschenströme in der gewaltig wachsenden Großstadt nicht mehr bewältigen konnten. Recht kühne Projekte tauchten auf und verschwanden in Behördenschubladen – etwa zum Bau von Schwebebahnen und von elektrischen Hochbahnen. Die Ringbahn übernahm bereits einen Teil des Verkehrs, als Baurat Orth den Vorschlag unterbreitete, eine Hochbahn in Ost-West-Richtung herzustellen, die im allgemeinen dem Lauf der Spree folgen und die Ringbahn mit dem Stadtkern verbinden sollte.

Er stieß zunächst auf taube Ohren und energischen Widerstand. »Technisch unausführbar« und »ungeheure Kosten« waren die beiden hauptsächlichen Gegenargumente, ehe überhaupt eine Prüfung stattfand. Die aber ergab das genaue Gegenteil. Schließlich übernahm die Stadt im Jahr 1874 die Oberleitung für den Bau der Ost-West-Verbindung, der sogenannten Stadtbahn. Am 18. Oktober 1875 fand am Schlesischen Bahnhof (später Ost-, heute Hauptbahnhof) der erste Spatenstich für die 11,26 Kilometer lange Strecke statt.

Wer auch nur annähernd eine Vorstellung davon hat, wie kompliziert dieser Bau über Spree und vorhandene Gleisanlagen, durch bestehende Fabriken und Häuser war, wird den Ingenieuren und Bauleuten heute noch Hochachtung zollen. Zwei der vielen Forderungen, denen sie zu genügen hatten, waren »Die Nothwendigkeit bequemer Straßenüberschreitungen ohne Störung des Verkehrs und die berechtigte Forderung an eine der Hauptstadt würdige Erscheinung der Bauwerke. Sie bedingten eine Höhenlage von durchschnittlich 6 Mtr. über dem Terrain, welche, abgesehen von zwei kurzen Dammschüttungen, durch einen fortlaufenden Viaductbau von 11,25 Kilomtr. also 1 1/2 Meile, erzielt wurde. Dieser fast 16 Mtr. breite, 4 Gleise tragende Viaduct besteht der Hauptsache nach aus massiven Bogen von Ziegelmauerwerk, zu einem bedeutenden Theil aber auch aus eisernen, nach den verschiedensten Systemen konstruierten Überbrückungen der Straßen- und Wasserläufe. Es ist die

Die Friedrichstraße nach Fertigstellung der Stadtbahn, 1881

Die Friedrichstraße in der Literatur:

Johannes Trojan (1837–1915)

*Im Gebäude des Stadtbahnhofs Friedrichstraße ist nach dem Ausgange zur Georgenstraße hin auf halber Treppe ein kleiner Zigarrenladen eingebaut. Darin sitzt ein junger Mann, den ich, so oft ich dort hinabsteige, immer mit einigem Bedauern betrachte. Er sieht das Tageslicht nicht, Sommer und Winter sitzt er da bei Gaslicht. Er hat es freilich nicht ganz so schlecht wie die armen Pferde in den Kohlebergwerken, die, wenn sie einmal in die dunklen Tiefen hinabgelassen sind, nie wieder das Licht der Sonne erblicken. Er erblickt es doch am Morgen, in der besseren Jahreszeit wenigstens, und an Sonn- und Feiertagen, an denen er frei hat. Es fehlt ihm auch nicht an aller Unterhaltung. Er bekommt, so oft oben ein Zug angekommen ist, Menschen zu sehen, allerdings nur solche, die herunterkommen; für die Aufsteigenden ist ja ein anderer Zugang da.
(Aus: Berliner Bilder, 1903)*

Stadtbahnhof Friedrichstraße, 1898

beträchtliche Anzahl von 64 dieser Bauten vorhanden.« Bei der Übergabe der Stadtbahn im Jahre 1882 bestanden: 7964 Meter steinerne Viadukte, 1823 Meter stählerne Brücken, 675 Meter Dammschüttungen zwischen Futtermauern und 1683 Meter gewöhnliche Dammschüttung. »Für jeden Urteilsfähigen steht es außer Zweifel«, schrieb eine Tageszeitung, »diese gewaltige mit Stein und Eisen gefestigte Ader bewirkt eine ganz neue Blutzirkulation für Berlin.«

Der Bahnhof Friedrichstraße – Schriftsteller Max Ring bezeichnete ihn als größten und schönsten Bahnhof Berlins – erlebte nach mehrjähriger Bauzeit am 1. Mai des Jahres 1882 seine Premiere. In sanfter Krümmung zog er sich bei einer Breite von 40 Metern mehr als 160

Sonntagnachmittag
auf dem Bahnhof,
(von F. Wittig, 1884)

Meter hin. Da nicht genügend Platz kurz vor der Spree vorhanden war, mußten etliche Anlagen – so die Dampfheizung und hydraulische Aufzüge – jenseits des Flusses am Schiffbauerdamm untergebracht werden.

Lokalautor Friedrich Erdmann verfolgte mit gemischten Gefühlen, wie ein solcher Bahnhof entstand. Einerseits störte ihn »tagelanges Schreien, Winden, Heben, Hämmern«, andererseits ließ er sich von der Technik faszinieren: »Die luftigen Eisenbogen fügten sich leicht und gefällig ineinander, als hätte ein Riesengeschlecht aus grauen Zeiten der Sage die Rohrstauden seiner Heimat zu einem Zauberschloß für Feen zusammengefügt, in das überall der Himmel hineinsehen konnte; denn das Dach war mit Glas gedeckt. Elektrische Lampen leuchteten mit ihrem weißen Lichte in die Biegungen, Ecken und Winkel, hoch oben und tief unten, und überall hockten dunkle schattenhafte Gestalten, die bei rotglühenden Kohlenbecken Anker und Niete festmachten; der elektrische Funke im Bunde mit der Kohle, um dem Dampf neue Bahnen zu schaffen, drei echte Repräsentanten des Zeitgeistes.«

Der Bahnhof Friedrichstraße diente dem Stadt- und

dem Fernverkehr, entsprechend erhielt er Anlagen wie Schalter, Treppen und Gepäckannahmen. Apropos Gepäck: Es konnte mit hydraulischen Aufzügen befördert werden. Diesen Vorzug genossen nur noch der Bahnhof Alexanderplatz und der Schlesische Bahnhof. Zudem bestanden Telegrafen- und Stationsräume, Zimmer für die Post und die Polizei.

Für seine Majestät den Kaiser und für fürstliche Herrschaften enthielt das vielräumige Bauwerk zwei separate Wartesäle nebst einem größeren Raum für die Bediensteten. Der Gekrönte mußte seinen edlen Fuß auch nicht auf die ordinäre Jedermann-Stiege setzen – aus dem kaiserlichen Vorraum führte »eine besondere Treppe« zu den Bahnsteigen hinauf.

Übrigens blieben die Bögen der Viadukte keinesfalls ungenutzt. Sie nahmen Geschäfte, Werkstätten, Garagen oder auch Restaurants auf. Ältere Berliner werden sich noch des recht noblen Restaurants Franziskaner im Bahnhof Friedrichstraße erinnern. Man saß gemütlich beim Schoppen Wein oder beim Glas Bier und lauschte dem Stehgeiger – bis einen die donnernde S-Bahn wieder in die Wirklichkeit zurückholte. Wenige Meter weiter lud in einem der Bögen ein Kino zum Schauen, Schlafen oder Schmusen ein.

Apropos Bahnhofsbogen. Als Kuriosum sei noch erwähnt, daß sich hier einst der kleinste Laden Berlins be-

Bahnhof Friedrichstraße, Eingang Georgenstraße

Bahnhof Friedrichstraße, 1907

fand. Er war kaum größer als ein Zigarettenautomat. Der Besitzer klemmte ihn nach Geschäftsschluß unter den Arm und verschwand bis zum nächsten Tag. Im Innern hatten gerade er, etliche Stangen Zigaretten und ein paar Kisten Zigarren Platz.

Wie nahmen die Berliner den neuen Bahnhof Friedrichstraße und die neue Strecke auf? Unterschiedlich, will man zeitgenössischen Berichten Glauben schenken. So schrieb die »Vossische Zeitung«: »Die Berliner Stadtbahn ist mit dem heutigen Tage ohne jede besondere Feierlichkeit dem Betrieb übergeben worden. Die Bahnhöfe prangten zwar noch in dem reichsten Flaggen- und Girlandenschmuck, den sie gestern aus Anlaß der Kaiserfahrt angelegt hatten, im übrigen aber deutete nichts auf den Tag der Eröffnung hin. Auch der Andrang des Publikums war in den ersten Morgenstunden kein sonderlich großer... Die Züge hatten trotz der zahlreichen Probefahrten, die der Betriebseröffnung vorangegangen waren, fast ausnahmslos Verspätungen.«

Der bereits erwähnte Friedrich Erdmann notierte dagegen: »Der erste Zug war dicht besetzt. Neugierige oder ehrgeizige Leute füllten die Coupés; die einen wollten zuerst sehen, die anderen wollten zuerst dabeigewesen sein. Hurrarufe erschallten, einzelne Fahrgäste stiegen aus und andere dafür ein. Fort ging es wieder, und alles war vorüber, wie ein flüchtiger Traum... Vorläufig wollte nur jeder erst einmal gefahren sein, um auf die stereotype Frage: ›Haben Sie schon die Stadtbahn benutzt?‹ mit selbstbewußter Würde und mitleidigem Lächeln über den naiven Frager antworten zu können: ›Versteht sich!‹«

Der Bahnhof Friedrichstraße blieb nicht, wie er war. In den Jahren 1924 bis 1926 wurde er erheblich umgestaltet – vor allem ging es um einen zweiten Fernbahnsteig und um eine Verlängerung der Bahnsteige in Richtung Norden. Zudem entstanden nunmehr zwei nebeneinanderliegende Hallen: eine für die Fern-, die andere für die Stadtbahnzüge. Neue Warteräume wurden gebaut und eine neue Fernschalterhalle. Zusätzliche Veränderungen des Bahnhofes ergaben sich im Zusammenhang mit dem Bau von Zugängen zur U-Bahn-Linie Seestraße-Hallesches Tor in den zwanziger und zur S-Bahn der Nord-Süd-Richtung in den dreißiger Jahren. Im Bereich des Bahnhofes Friedrichstraße war der Bau ungeheuer kompliziert.

Der erste Rammschlag für die dringend gebotene Nord-Süd-Verbindung erfolgte bereits 1912. Zwei Jahre später verzögerte der erste Weltkrieg die Arbeiten; es fehlten bald Männer, Pferde und Kraftwagen. Wie Oberbauleiter F. Krause mitteilte, übernahmen Frauen die schweren Erdarbeiten. Die harten Nachkriegsjahre forcierten die Angelegenheit keinesfalls, so daß man 1921 bereit war, die halbfertigen Tunnelstrecken in der Chaus-

Erweiterungsbau am Bahnhof Friedrichstraße, 1923

Verkehr am S-Bahnhof Friedrichstraße, 1925

In den 60er Jahren

seestraße, Friedrichstraße und am Halleschen Tor zuzuschütten. Doch es ging weiter, wenn auch sehr mühsam.

An der Weidendammer Brücke mußte die Spree unterkellert werden. Dafür wurde der Flußüberspanner abgerissen. Zwei Behelfsbrücken übernahmen seine Aufgaben. Beachtet werden mußte auch, daß die Flußschiffahrt nicht zum Erliegen kam. Damit beileibe nicht genug. Zwischen der Brücke und dem Bahnhof Friedrichstraße hatten die Bauleute etwa 60 Meter Sumpf zu durchqueren, der erst in fast dreißig Metern Tiefe tragfähigen Boden aufwies. Bei der Kreuzung mit der S-Bahn schienen die Fundamente der Stadtbahn gefährdet. Also mußten sie verstärkt werden – bei Aufrechterhaltung des Verkehrs.

Auf Schwierigkeiten stießen die U-Bahn-Bauer immer wieder. An der Mohrenstraße mußte die Linie A (damals von Nordring/Schönhauser Allee bis Potsdamer Platz) unterfahren werden. Vor dem Halleschen Tor zeigte sich, daß die Friedrichstraße auch dort über Sumpf lag. Die Nord-Süd-Bahn hatte eine 230 Meter lange, bis zu 16 Metern tiefe Sumpfstrecke zu bezwingen. Am Halleschen Tor unterquerte die Bahn eines der Strackschen Torgebäude. Und welche bau- wie auch ingenieurtechnischen Leistungen waren gefordert, um an eben diesem Halleschen Tor die Hochbahn zu kreuzen und den Landwehrkanal zu unterqueren! Eigentlich sollten wir bei der unterirdischen Spazierfahrt durch die Friedrichstraße mal hier und dort den Hut ziehen.

Nach der Wende staunten jüngere Ost-Berliner, was für ein Tunnel- und Treppengewirr der Bahnhof Friedrichstraße aufwies. Manche verliefen sich sogar.

Der zweite Weltkrieg hatte S- und U-Bahn schwere

Bahnhof Friedrichstraße mit einer elektronischen Tafel für Pressemeldungen der Zeitung »Neues Deutschland«, 1956

Antifaschistische Gedenktafel unter dem Brückenbogen, von Bilderstürmern 1990 zerstört

Wunden geschlagen. Von 712 Kilometer elektrischen Gleisen der S-Bahn waren 119 Kilometern nicht mehr befahrbar. Etwa 70 Prozent aller Bahnhöfe, Hochbauten, Brücken und Durchlässe lagen in Schutt und Asche. Hinzu kamen Beschädigungen am Bahnstromnetz, den Signalen und den Fernsprecheinrichtungen. Fast mit bloßen Händen gingen Eisenbahner aller Dienstzweige daran, die S-Bahn wieder zum Fahren zu bringen. Der erste elektrische Schnellbahnbetrieb begann am 6. Juni 1945 zwischen Wannsee und Schöneberg. Die S-Bahn konnte den Betrieb erst zweieinhalb Monate später aufnehmen.

Bei der U-Bahn sahen die Schäden ähnlich aus. Fliegerbomben hatten das eine, Flutungen durch die SS das andere getan. Fast ein Drittel der unterirdischen Strecken war mit zirka einer Million Kubikmeter Wasser gefüllt. Dennoch fuhr am 14. Mai 1945 die erste U-Bahn wieder, zwar im Pendelbetrieb, aber immerhin.

An das traurige Nazizeit-Kapitel des Bahnhofs Friedrichstraße erinnert eine schlichte Tafel unter dem Brückenbogen. Sie trägt die Inschrift: »Kurz vor Beendigung des verbrecherischen Hitlerkrieges wurden hier zwei junge deutsche Soldaten von entmenschten SS-Banditen erhängt.« Oft liegen Blumen unter dieser kleinen Tafel des Erinnerns, des Mahnens, nie wieder zuzulassen, was

*Die Friedrichstraße
in der Literatur:*

Leo Weiß

*Ein kalter Februarabend.
Bahnhof Friedrichstraße.
Etwa sechs SA-Männer in
ihren Uniformen
umstanden den Sammler
der NSDAP. Der Andrang
zur Sammelbüchse war
gering; hie und da warf
eine elegante Dame oder
irgendein Kleinbürger eine
Münze hinein.
»Juden nach Palästina!« –
»Für den Wahlfonds der
NSDAP!«
Der Menschenstrom, der
vom Bahnhof Friedrich-
straße kommt, reißt alles
mit. Der Verkehr bleibt für
einen Moment still. Auto-
busse werden abgestellt.
Jemand ruft: »Es brennt!
Feuer! Feuer!« Von der
Ferne ertönen die Alarm-
signale der Feuerwehr.
Wo brennt's? Eine Stimme
ruft: »Man sagt, der
Reichstag brennt!«
Ein SA-Mann: »Die
Schwatzbude brennt.«
Man geht nicht mehr, man
wird vom Menschenstrom
getragen, der sich in
Richtung Reichstag wälzt.*

*(Aus: Die Nacht der
Provokation, 1934)*

damals geschah. Offensichtlich fanatisierte Bilderstürmer haben nach der Wende diese Tafel, wie auch das Gedenkschild für Friedrich Engels am Gebäude Friedrich- Ecke Clara-Zetkin-Straße, abgerissen. Erfreulich, daß kluge Leute eine neue Tafel unter dem Brückenbogen angebracht haben. Sie trägt – in kleiner Schrift – den Hinweis: »Das Original – eine der ersten Gedenktafeln Berlins nach dem Kriege – wurde 1990 gewaltsam entfernt.«

*Bahnhof Friedrichstraße,
1985*

Grenzübergang nach dem 13. August 1961

Über die Hinter- und Beweggründe, die zu den Ereignissen am 13. August 1961 führten, ist viel gesprochen und geschrieben worden. Wohl jeder Berliner weiß darum, wohl jeder verbindet ein Stück Lebensgeschichte mit diesem Datum. Auch jene mit der Gnade späterer Geburt. Deshalb nur soviel: Geprobt haben die Realsozialisten diesen Fall schon mit der Blockade und nach dem 17. Juni 1953. Beide Male wurde das Schlupfloch dichtgemacht. Weiträumiger im Jahre 1948, als alle Land- und Wasserwege zwischen der Bundesrepublik und Berlin-West gekappt wurden, der Eiserne Vorhang sich an der deutsch-deutschen Grenze schloß, aber noch freier Verkehr in der Stadt herrschte; mauerähnlich nach dem 17. Juni 1953, als kaum eine Maus mehr nach Berlin-West hereinkam. Endgültig sollten die schweren Tore am 13. August 1961 niederrasseln, um den Exodus der eigenen Bevölkerung zu stoppen. Letztlich ist es im heißen Sommer 1989 dieser Exodus via Ungarn und die Tschechoslowakei gewesen, der die Mauer zum Einsturz brachte und mit ihr all das, was ursächlich zu ihrem Bau geführt hatte. Von dieser Warte her ist Erich Honeckers wohl klügste Aussage von ihm selbst und von allen Historikern gründlich fehlgedeutet worden: Die Mauer wird solange stehen bleiben, bis die Ursachen, die zu ihrem Bau geführt haben, verschwunden sind. Er sprach von 50 oder 100 Jahren. Und irrte; denn sein real existierender Sozialismus als tatsächliche Ursache der Mauer hatte zum Zeitpunkt seines prophetischen Ausspruches nur noch eine nach Wochen zu bemessende Lebensdauer.

In einer »Geheimen Verschlußsache« ging Innenminister Karl Maron am 12. August 1961 auch auf die völlig zu verändernden Verkehrsbedingungen für den Bahnhof Friedrichstraße ein. Der Durchgangs- wurde in einen Endbahnhof umfunktioniert. Grenzstation Friedrichstraße. »Züge im internationalen Reiseverkehr in Richtung Westen und zwischen Westberlin und Westdeutschland beginnen und enden auf dem Bahnsteig A des Bahnhofes Friedrichstraße«, heißt es in dem Papier. Alle S-Bahnzüge aus und in Richtung Westen hatten auf dem Bahnsteig B, alle Züge aus und in Richtung Osten auf dem Bahnsteig C zu enden und zu beginnen. »S-Bahnzüge der Nord-Süd-Bahn halten nur auf dem

Bis 1989: Grenzübergang Friedrichstraße, Eingang für Ausreisende, der »Tränentempel«, (Aufnahme 1991)

Bahnhof Friedrichstraße. Alle weiteren Bahnhöfe auf dieser Strecke im demokratischen Berlin werden für den Bahnverkehr gesperrt.« Gleiche Order galt für die U-Bahnzüge der Linie C.

Der Abschnitt über Kontroll- und Sicherungsaufgaben stempelte schon am 12. August 1961 sämtliche Realsozialisten zu erbärmlichen Lügnern, die Mauer habe als antifaschistischer Schutzwall den imperialistischen Feind, der mit klingendem Spiel durch das Brandenburger Tor einzumarschieren gedachte, in die Schranken gewiesen und den Frieden in Europa und der Welt gerettet. Es sollte kein Einmarsch verhindert, sondern vielmehr der Ausmarsch gestoppt werden: Täglich verließen Tausende das von Funktionären hochgelobte Land. Im nüchternen Klartext befahl der Innenminister in der »Geheimen Verschlußsache« die »Durchführung von Kontrollmaßnahmen zur Verhinderung, daß Bürger der Deutschen Demokratischen Republik und des demokratischen Berlin (damals wurde noch fein nuanciert – d. A.) ohne Genehmigung nach Westberlin fahren.« Da Komplikationen vorauszusehen waren, wurde im Punkt 9 angeordnet: »Auf dem Bahnhof Friedrichstraße ist ein Filtrierpunkt einzurichten und durch Kräfte des Abschnittes Berlin die Zuführung, Vernehmung und weitere Veranlassung zugeführter Personen zu gewährleisten.«

Über die Situation am 13. August 1961 sind nahezu stündlich interne Berichte verfaßt worden. Ihnen ist beispielsweise zu entnehmen, daß gegen 5.45 Uhr ca. 300 Menschen auf dem Bahnhof Friedrichstraße zu Protesten zusammenkamen. In dem Bericht hieß das: »Typisch war auch hier, daß die Jugendlichen provozierten.« Worin solche »Provokationen« bestanden, ist ebenso vermerkt worden. Einer der jungen Leute sagte: »Das ist also die Demokratie, die kommt heute so richtig zum Ausdruck.«

Von Monat zu Monat, von Jahr zu Jahr wurde das Abriegelungs-, Sicherheits- und Kontrollsystem auf dem Bahnhof Friedrichstraße preußisch perfektioniert. Schnell übernahmen Grenzer das Kommando von der zunächst – aus optisch-politischen Gründen – eingesetzten Transportpolizei. Wie sie sich – mit wenigen Ausnahmen – gegen die alten Frauen und Männer aus dem eigenen Land verhielten, die auf Grund ihres hohen Alters aus-

und einreisen durften, das läßt an Kadavergehorsam und Zynismus denken. Bezeichnenderweise trug der riesige Glaspavillon zwischen Spree und Bahnhof, in dem die Zoll-, Devisen- und Paßkontrollen stattfanden, im Volksmund die Bezeichnung »Tränentempel«.

In aller Welt ist es üblich, betagte Freunde oder Verwandte an den Zug zu begleiten, wenn sie verreisen wollen. Der realsozialistische Staat verbot es. Die alten Leutchen mußten sich vor dem »Tränentempel« verabschieden und sich dann allein im Irrgarten des Bahnhofes zurechtfinden. Oft mit schwerem Gepäck. Nur selten half ein Uniformierter.

Dann die Tortur auf dem Fernbahnsteig der Sehnsüchte. Der Zug war längst eingefahren, doch die »Veteranen der Arbeit«, wie sie offiziell genannt wurden, durften nicht einsteigen. Stattdessen hatten sie vor einem weißen Strich, der parallel zur Bahnsteigkante verlief, Aufstellung zu nehmen. Wer ihn – aus Versehen – übertrat, bekam unbarmherzig die Staatsmacht zu spüren. Gnadenlos wurde die Angst der Alten ausgenutzt, wegen irgendeiner »Übertretung« des Bahnhofs verwiesen zu werden und damit die Reise in den Westen nicht antreten zu dürfen.

Derweil sie mit klopfendem Herzen warteten, endlich einsteigen zu dürfen, zogen Grenzkontrollen durch den Zug und durchsuchten ihn gründlich. Natürlich nicht, ob sich ein imperialistischer Klassengegner ein-, sondern ob sich ein sozialistischer Mitbürger ausschleusen wollte. Hundeführer jagten zur gleichen Zeit ihre vierbeinigen Schnüffler unter dem Zug durch. Die grausame Zeremonie wurde von jenen breitbeinig dastehenden Grenzern überwacht, die ihren Standort in etwa zehn Metern Höhe an den Stirnseiten des Bahnhofs hatten, was den bedrohlichen Eindruck verstärkte.

Zwei, drei Minuten vor Abfahrt des Zuges endete die Durchsuchungsaktion. Die Grenzer verschwanden aus dem Zug, die ihn absichernde Postenkette zog sich einige Schritte zurück, und die alten Frauen und Männer durften nach Aufforderung – endlich – den Zug betreten. Ihre Hände zitterten, die Knie waren weich und die Stufen entsetzlich hoch. Keiner der jungen Männer in Grenzuniform half. Vielleicht durften sie es nicht.

Wer zum ersten Mal reisen durfte, den lähmte das Ent-

Häusertelegramm Nr. 96

Nahezu einhundert Meter ragt direkt neben dem Bahnhof das Internationale Handelszentrum in den Himmel. In 25 Etagen haben sich ausländische Industrie-Unternehmen, Außenhandelsgesellschaften und Banken etabliert. Drei Etagen nehmen Service-Einrichtungen, zwei weitere die Technik zur Funktion des Hauses auf. Komplettiert werden die Büroräume durch eine Ausstellungshalle, einen Konferenzsaal mit 250 Plätzen und eine große Anzahl von kleineren Konferenzräumen. Das von japanischen Bauunternehmen errichtete Zentrum ist am 1. September 1978 seiner Bestimmung übergeben worden. Seitlich befindet sich ein Flachbau mit Restaurant, Café und verschiedenen Läden. Zuvor bat hier die auch noch nach dem zweiten Weltkrieg existierende Tanz- und Vergnügungsstätte »Alt-Bayern« ins Kabarett, in Tanz-Cafés und in den Bierkeller. Sie hatte einen etwas zweifelhaften Ruf.

setzen weiter. Langsam, im Schrittempo, rollte der Zug vorbei an der Charité und ließ den Blick frei auf das, was man sonst nicht zu sehen bekam: auf Mauern, elektrisch geladene Zäune, sauber geharkte »Todesstreifen«, auf abgerichtete Hunde an Laufleinen. Nach der Fahrt durch Westberlin wiederholte sich das niederschmetternde Bild noch zweimal: an der südwestlichen Stadtgrenze und bei Helmstedt.

Kafka – die Wirklichkeit hat seine Phantasie längst überholt.

Mehr als jeder andere Bahnhof in Berlin weiß der in der Friedrichstraße um Freud und mehr noch um Leid der Berliner. Der »Tränentempel« wird nicht vergessen.

Shaw vermied Show, Chaplin in Berlin

Wie viele Bekannte und Unbekannte mag der Bahnhof Friedrichstraße seit seiner Eröffnung am 1. Mai 1882 gesehen haben? Wie viele mögen hier ihren ersten Eindruck von Berlin gewonnen haben – von den nahen Hotels, den ungezählten Gaststätten, von den Leuchtreklamen, von denen eine unermüdlich behauptete, Persil bleibe immer Persil? Von Zweien, die in den dreißiger Jahren anreisten und die uns immer noch ein Begriff sind, sei die Rede. Das heißt, der eine kam ja gar nicht dort an – aber der Reihe nach.

»Oh, it's so nice!« – Der das am 9. März des Jahres 1931 angesichts der trotz kalten Windes und heftigen Schneetreibens ausharrenden, begeisterten Menschenmenge auf dem Bahnhof Friedrichstraße freudig erregt ausrief, war damals eigentlich schon Filmgeschichte: Charles Spencer Chaplin. Mit von der Partie eine Dame, die von sich behauptete, von Kopf bis Fuß auf Liebe eingestellt zu sein: Marlene Dietrich. Punkt 17.17 Uhr traf der Zug – aus Holland kommend – auf dem Fernbahnsteig ein. Allenthalben großer Jubel, Kameras surrten und klickten, unermüdlich gab der große kleine Mann des Stummfilmes seine Autogramme. Eine tausendköpfige Menschenmenge säumte den Weg des Stars vom Bahnhof Friedrichstraße bis zum Hotel Adlon. Auch dort, im Foyer, übereifrige Autogrammjäger. Plötzlich bemerkte Chaplin, daß sein Beinkleid langsam, aber stetig abwärts zu gleiten drohte. Er hatte in der jubelnden Menge sämtliche Knöpfe verloren. Vehement flüchtete er zum Fahrstuhl, hielt mit beiden Händen seine Hose und verfiel unwillkürlich in den weltberühmten Watschelgang. Augenzeugen fühlten sich angesichts dieser chaplinesken Episode in einen seiner Filme versetzt.

Chaplin bummelte noch manchmal durch die Friedrichstraße, besuchte die Volksbühne, erfreute seine Anhänger in Carows Lachbühne am Weinbergsweg, erlebte die berühmte Soubrette Gitta Alpar im Metropol-Theater. Wie bei seinem Berlin-Besuch im Jahre 1921 ließ er sich in die Arbeiterviertel fahren. »Wie gern bin ich mit diesem armen, elenden Volk zusammen«, bekannte er. Ein Friseur aus der Pappelallee im Prenzlauer Berg kleidete seine Gastfreundschaft in das Angebot, ihn kostenlos zu rasieren.

Dem faschistischen Blatt »Völkischer Beobachter« blieb es vorbehalten, den weltbekannten Künstler zu verunglimpfen. Ein »jüdischer Clown«, der den »Weißen als Narren auf die Filmleinwand brachte«, sei gekommen, um sich weitere Millionen zu sichern. Was Chaplin von den Nationalsozialisten hielt, hat er in seinem Film »Der große Diktator« unmißverständlich und satirisch brillant kundgetan.

Übrigens blieb Charly Chaplin der Stadt Berlin als korrespondierendes Mitglied der Akademie der Künste bis zu seinem Tode verbunden.

Charlie Chaplin bei seinem Berlin-Besuch, neben ihm Dr. Edgar Stern-Rubarth, 1931

*George Bernard Shaw
auf dem Bahnhof
Friedrichstraße, 1930*

Wenige Monate nach Chaplins Besuch am 1. August 1931, bereitete Berlin wieder einen großen Bahnhof Friedrichstraße vor. Kopf an Kopf standen die Berliner, um den Verfasser von »Pygmalion« und »Frau Warrens Gewerbe« willkommen zu heißen. Sie hatten nicht vergessen, daß George Bernard Shaw im Juni desselben Jahres unter fast geglücktem Inkognito in ihrer Stadt gewesen war. Diesmal sollte die freudige Begrüßung klappen.

Punkt zehn Uhr dampfte der Zug in die Halle des Fernbahnsteiges. Endlich hielt er. Hunderte Augenpaare richteten sich auf die bewußte Wagentür, Fotografen warteten auf den Schnappschuß, Kameras liefen. Alles umsonst. Hinz und Kunz verließen den Zug, nicht aber der große Dramatiker.

Er war – wie man es eigentlich von einem Satiriker erwarten durfte – bereits auf dem jetzigen Haupt- und damaligen Schlesischen Bahnhof aus dem Zug gestiegen und hatte sich heimlich, still und leise ins Hotel Bristol bringen lassen. Er wollte keinen Rummel um sich und mied den »großen Bahnhof«.

Einige findige Presseleute hatten erkundet, wo Shaw abzusteigen gedachte und warteten geduldig in der Hotelhalle. Irgendwann mußte der Dichter ja kommen, wollte er nicht im Freien schlafen. Er kam, sie fotografierten, die Leser hatten das Sehvergnügen.

George Bernard Shaw blieb nicht lange in der Stadt.

Er machte eine Stadtrundfahrt, sah sich eine Bauausstellung an und rühmte dort jene Architekten, die billige Wohnungen schaffen wollten.

Den Tip dafür, sich gerade diese Ausstellung auszusuchen, hatte er von sowjetischen Bauleuten bekommen. Shaw war direkt aus Moskau nach Berlin gereist. Dort hatte er seinen 75. Geburtstag gefeiert. Diesen Besuch bezeichnete er als ein »großartiges Geburtstagsgeschenk«, das die Strapazen der tagelangen Bahnfahrt vergessen mache. Er berichtete den Zeitungsleuten von seinem Besuch bei Nadeshda Krupskaja, der Lebensgefährtin Lenins, und von einem Film, in dem er – Shaw – eine Ansprache über Lenin gehalten hatte.

Nur wenige Stunden währte sein Aufenthalt in Berlin, dann eilte er zum Bahnhof zurück, um weiter nach London zu reisen. Er dampfte längst durch deutsche Lande, als Berliner Zeitungen immer noch »hautnah und aktuell« von vermeintlichen Begegnungen mit dem englischen Kauz irischer Herkunft berichteten. Der »Berliner Lokalanzeiger schrieb mit spitzer Feder: »Wenn die Nachrichten stimmen, dann existiert Bernard elfmal...«

Bevor wir den Bahnhof verlassen, wollen wir uns noch einmal von den Impressionen des Siegfried Kracauer gefangennehmen lassen. Gewährte er uns eingangs dieses Kapitels den Blick von unten nach oben, tut er es jetzt umgekehrt.

»Welch ein Schauspiel aber bietet die Friedrichstraße selber dem Mann auf der Lokomotive! Man muß sich vorstellen, daß er die Maschine vielleicht stundenlang durchs Dunkel geführt hat. Noch dröhnt die freie Strecke in ihm nach: Schienenstränge, die auf ihn zurasen, Signale, Bahnwärterhäuschen, Wälder, Ackerflächen und Wiesen... Nach einer Fahrt, auf der außer Erde und Himmel alle Dinge vor ihm flohen, hält er plötzlich über der Friedrichstraße... Glanz und Trubel vermischen sich ihm zu einem einzigen ausschweifenden Fest, das wie die Reihe der Bogenlampen keinen Anfang hat und kein Ende... Fährt er weiter, so erscheint ihm die Nacht finsterer als je... Auf der Friedrichstraße hat niemand die Lokomotive bemerkt.«

Eine weltbekannte Kreuzung

Die Kreuzung Unter den Linden/Friedrichstraße hatte es schon immer in sich. Heute wie einst besteht die Qual der Wahl: Wo kehren wir ein? Buhlten früher Kranzler und Bauer um die Gunst der Berliner und ihrer internationalen Gäste, waren es später das Linden-Corso und die Gaststätte des Hotels Unter den Linden, ist es heute zusätzlich das Café vom Grand Hotel, abermals unter dem Namen Bauer. Oder müssen wir erst im Haus der Schweiz zur Sparkasse? Flanieren wir weiter die Friedrichstraße entlang? Oder biegen wir in die Prachtstraße ein?

Autofahrer wissen ein Lied von dieser Kreuzung zu singen, aus dem man am besten nicht zitiert. Linksabbie-

Die Kreuzung Unter den Linden / Friedrichstraße, mit Blick zum Bahnhof in den 20er Jahren

106 EINE WELTBEKANNTE KREUZUNG

Die Kreuzung in nördliche Richtung, um 1870

Die Kreuzung, vom Balkon des Café Kranzler aus gesehen, 1898

gern sei in verkehrsreichen Stunden empfohlen, ein Verpflegungspäckchen mittlerer Größe bei sich zu haben. Umstrittene Busspuren verengen die »Flaschenhälse« noch mehr.

Die einen beklagen es, die anderen freuen sich darüber: Der große Wachaufzug passiert auf seinem Weg zur Schinkelschen Neuen Wache mittwochs nicht mehr die Kreuzung, weil es ihn nicht mehr gibt. Viele freuen sich über die schmissige Marschmusik. Manche brauch-

Häusertelegramm Nr. 153 (erhalten)

Leider verweist kein Schild in der Dorotheenstädtischen Apotheke darauf, daß hier nach Ostern 1845 Theodor Fontane gearbeitet hat. Sie hieß damals »Polnische Apotheke«. Das heute hier befindliche, durch einen Arkadengang charakterisierte, drei Etagen hohe Haus wurde 1898–1900 vom Architekten Alfred Breslauer errichtet. Im Attikageschoß unter den Wolken wohnte einst der Apotheker. Unter den Arkaden befinden sich weitere Geschäfte.

EINE WELTBEKANNTE KREUZUNG

*Häusertelegramm
Nr. 154 (erhalten)*

Dem vorgenannten Bau schließt sich dieses Gebäude als Eckhaus zur Straße Unter den Linden an. Architekt Meier aus Appenzell schuf es erst im Jahre 1936. Er orientierte sich in der Form am Haus Nr. 153, bereicherte es also auch mit einem Attikageschoß. Von der ersten Etage aus schaut die Bronzefigur Wilhelm Tells auf die weltbekannte Kreuzung. In dem Haus wohnte der »Specialarzt für Harn- und Blasenleiden«, Dr. med. Moritz Schendel aus Bromberg.

Nr. 154, 1945

Die Kreuzung, 1937

Die Kreuzung in den 80er Jahren

Die Südseite der Kreuzung mit dem Café Bauer (links) und der Konditorei Kranzler (rechts), 1897

ten den einzigen öffentlich praktizierten Stechschritt in der damaligen DDR für Film- und Fernsehaufnahmen. Wie oft hatte er dazu dienen müssen, einen militärischen Obrigkeitsstaat auszuweisen!

Sei es, wie es sei – Autofahrer tun gut daran, die stark frequentierte Kreuzung von Ost-West- und Nord-Süd-Achse zu meiden. Man suche sich den bequemsten der Umwege – oder laufe.

Die Kreuzung Unter den Linden/Friedrichstraße erlebte im Jahre 1902 eine Premiere besonderer Art, deren Vorgeschichte bereits zehn Jahre früher begann: Das erste polizeilich genehmigte Automobil zuckelte über Berliner Straßen. Wie der Kunst- und Theaterwissenschaftler May Oxborn einschätzte, wurden die ersten Kraftwagen »mehr als ein putziges modernes Möbel denn als ein unentbehrliches Stück im Hausrat der Stadt betrachtet«. Und dem Staatssekretär Bernhard Fürst von Bülow verdanken wir einen ebenso offenherzigen wie bezeichnenden Hinweis darauf, wie das gekrönte Haupt auf diese neueste Errungenschaft der Technik reagiert hat: »Der naive Subjektivismus Wilhelms II., seine, um ein modernes Schlagwort zu gebrauchen, egozentrische Veranlagung, zeigte sich auch gegenüber dem Automobil.« Der Kaiser reagierte recht verärgert und verlangte eine polizeiliche Überwachung der Automobilisten. Unverfroren äußerten seine Majestät gegenüber dem Staatssekretär

Aufnahme aus der zweiten Etage des Victoria-Hotels, 1922

von Bülow: »Ich möchte am liebsten jedem Chauffeur mit Schrot in den ... schießen!« Als er sich dann selbst ein Kraftfahrzeug zulegte, sah alles ganz anders aus. Selbstredend verlangte er die Nummer IA 00-01 (bekam sie aber nicht!) und »wurde ein feuriger Lobredner und Anhänger des Automobilsports und betrachtete jede Kritik seiner Auswüchse fast als persönliche Beleidigung«.

Um diese »Auswüchse« ging es bei der erwähnten Premiere. Auf der Kreuzung Friedrichstraße/Unter den Linden krachte es in einem fort. Was da an einem Tag über die Kreuzung schritt, ritt und glitt, ließ die Zahl der Kollisionen erheblich ansteigen: Pferdebahnen, Droschken, Kraftfahrzeuge, Last- und Privatfuhrwerke, Handwagen, Omnibusse, Radfahrer, Passanten.

Es wollte zu Beginn dieses Jahrhunderts ungeregelt nichts mehr klappen. So tauchte im genannten Jahre 1902 auf unserer Kreuzung der erste Berliner Verkehrspolizist auf. Mit Hilfe seines wachen Verstandes, fuchteliger Armbewegungen und vor allem einer Trillerpfeife mühte er sich redlich, die unterschiedlich schnellen und unterschiedlich empfindlichen Ströme in die richtigen Bahnen zu lenken. Das ging ein gutes Jahr so, dann konnte sich der regelnde Mann im wahrsten Sinne des Wortes kein Gehör mehr verschaffen. Die knatternden Motoren übertönten sein Pfeifchen bei weitem. Wir hätten es nicht mit preußischen Beamten zu tun, wenn nicht eigentümliche Abhilfe geschaffen worden wäre. Zum Erstaunen mancher und zum Gaudium vieler stand erwähnter Verkehrspolizist eines schönen Tages mit einer – Trompete auf der Kreuzung und blies dem Verkehr den Marsch. (Käme heutzutage ein Verkehrspolizist auf eine so geniale Idee, wäre im Nu das Chaos organisiert: Jeder wollte dieses Unikum sehen, jeder es fotografieren.)

Wer sich die historische Kreuzung einmal als Wandbild ansehen möchte, der gehe in das Hotel Unter den Linden. Das Gemälde stammt von Manfred Kandt und regt unsere Phantasie an, uns vorzustellen, wie es einst war.

Grand Hotel und Hotel Unter den Linden

Im Dezember des Jahres 1964 begannen die Bauarbeiten für das so dringend notwendige Gebäude; denn Berlin empfing Jahr für Jahr mehr Besucher aus allen Teilen der Welt, die angenehm unterzubringen eine edle Gastgeberpflicht ist. Die Architekten Heinz Scharlipp und Günter Boy hatten mancherlei zu beachten, unter anderem die Festlegung im sogenannten Linden-Statut, demzufolge Neubauten im angepaßten Verhältnis zu den historischen Bauwerken zu errichten sind. Aus diesem Grunde konnten sie das neue Hotel nicht wie das »Stadt Berlin« am Alexanderplatz in den Himmel wachsen lassen. Zum anderen waren – man denke in diesem Zusammenhang an den alten Friedrichstadt-Palast – komplizierte Grundwasserbedingungen zu beherrschen. Das gesamte Hotel steht gewissermaßen in einer riesigen Wanne, die das unerwünschte Wasser fernhält.

Seit der Eröffnung am 10. Juni 1966 beherbergten und-

Das Hotel Unter den Linden, 80er Jahre

bewirten die Mitarbeiter des Hotels ungezählte Gäste von allen Kontinenten. Begrüßt werden sie in der Hotelhalle von einem Altberliner Original, von einem Blumenmädchen, das aus der Werkstatt der Bildhauerin Christa Sammler stammt. Metallgestalter Professor Fritz Kühn besorgte die schmiedeeisernen Verkleidungen der Gästefahrstühle. Das Hotel verfügt in acht Etagen über zirka 340 Ein- und Zweibettzimmer, lädt ins niveauvolle Restaurant oder in die Bar in der Hotelhalle ein.

Ein kurzer Blick in die Geschichte dieses Teils der weltbekannten Kreuzung: Unmittelbarer Vorgänger des Hotels Unter den Linden war bis zu seiner Zerstörung im zweiten Weltkrieg das Hotel und Café »Viktoria«. Im Jahre 1901 wurde auf Anregung von Max Reinhardt der Festsaal für das später berühmte Kabarett »Schall und Rauch« umgebaut. Danach bestand hier das »Kleine Theater«, das auch Gorkis »Nachtasyl« im Repertoire hatte. Erwähnen wollen wir noch das Arbeiter-Theater »Truppe 31«, das an diesem Ort unter der Regie Gustav von Wangenheims auftrat.

Schräg gegenüber, dort, wo die Passage von der Behrenstraße aus ihren Anfang nahm, macht der große Hotel-Stolz von Berlin-Ost, das Grand Hotel, auf sich aufmerksam mit großer Inschrift, im Wind flatternder Fahne und einer ansehnlichen, obwohl industriell vorgefertigten Fassade. Es kann auch nach der Wende im Reigen der großen Berliner Nobel-Herbergen – etwa des Bristol-Hotel Kempinski, des Grand-Hotel Esplanade und des Intercontinental Berlin – mithalten. Zwischen März 1985 und August 1987 (etwas spät für die 750-Jahr-Feier) entstand der Prachtbau in enger Zusammenarbeit der japanischen Kajima Corporation mit der schwedischen SIAB sowie anderen in- und ausländischen Betrieben. Beim Richtfest am 5. Juni 1985 ertönte ein (wohl mit dem Maurerhammer geschmiedeter) Richtspruch, aus dem dieser Vers zitiert sei:

> Zu bauen ist hier gut und schnell
> Ein Haus mit Namen Grand Hotel.
> Als Teil der neuen Friedrichstraße,
> auf daß die Trümmerzeit verblasse.

Daß nach seiner Eröffnung Lobeslieder im Ostteil der Stadt gesungen wurden, nimmt nicht wunder. Das durfte man bei einem solchen »Valuten-Bagger«, wie der Volksmund sagte, schon erwarten. Doch auch ein besonnener Mann wie Alexander Kulpok von der »Stuttgarter Zeitung« zog alle Register: »Das Grand-Hotel hat in West- und Ost-Berlin nicht seinesgleichen, und selbst Globetrotter müssen lange überlegen, wo sie zwischen Adelaide und Zürich in einer Suite für 2 800 Mark (West) pro Nacht hätten logieren können. Die ›Schinkel-Suite‹ im Grand Hotel bietet diese Möglichkeit – mit etwa 200 Quadratmetern Wohnfläche, eigener Sauna und Telekopierer. Die ›Goethe-Suite‹ enthält als Handreichung die Werke des Olympiers, die ›Bach-Suite‹ ist mit einem Cembalo ausgestattet. In sieben Stockwerken, 250 Zimmern, einer pompösen Eingangshalle und einem Dutzend Restaurants und Cafés funkeln auffallende Einfälle der Architekten und Innenausstatter.«

Zu den funkelnden Einfällen gehören die architektonischen Anknüpfungspunkte. Die abgestumpfte Ecke des Hotels korrespondiert mit jener der Passage, die achteckige, haushohe Hotelhalle mit ihrer farbigen Glaskuppel nimmt die Idee des erwähnten Oktogons der Passage auf. Von hier aus gelangt man, wie damals, in die Gaststätten, Cafés, Boutiquen und natürlich in die Hotel-Zimmer. Kleine Unterschiede betonen das Gemeinsame: Kam man einst ins Panoptikum, erwartet einen heute ein Fitness-Center. Die Bauleute hielten sich natürlich an das

Das Grand Hotel, 1991

Linden-Statut, das eine maximale Dachtraufenhöhe von 22 Metern vorschreibt. Wie beim Hotel Unter den Linden mußten sie eine riesige Betonwanne bauen, in der das Grand-Hotel ruht und vor Wasser geschützt wird.

Schließlich bezogen die Architekten das an der Ecke der Friedrichstraße/Unter den Linden stehende Appartementhaus in die Planung mit ein und ließen es hinter der gleichgestalteten Fassade »verschwinden«. Damit ging den Berlinern auch eine Zielscheibe bissigen Spottes verloren; denn in eben jenem Haus existierte der weithin bekannte Havanna-Laden. Das Geschäft führte vornehmlich Nahrungs- und Genußmittel aus westlichen Landen und verkaufte sie zu horrenden Preisen. Die harmloseste Bezeichnung für das Geschäft war noch das verklausulierte »U-WU-BU«, »Ulbrichts Wucher-Bude«.

Insgesamt bietet das Grand Hotel seinen Gästen 350 elegante, klimatisierte Zimmer, Studios, Appartements und Suiten. Gemietet werden können Hochzeitszimmer und das Penthouse an der Straße Unter den Linden. Erwähnen wollen wir den Hotelgarten im zweiten Obergeschoß mit Springbrunnen und vielen Blumen, Büschen und Stauden, Pavillons und Sitzgruppen, einen kleinen

Wintergarten im ersten Obergeschoß sowie zahlreiche Salons, unter ihnen der mit dem naheliegenden Namen Friedrichstadt, der mit seinen vierzig Plätzen für Banketts, festliche Essen, Cocktails, Konferenzen und kleine Kongresse vorgesehen ist.

Nicht achtlos vorbeigehen wollen wir an den Cafés, Restaurants und Bars des Hotels, zumal sie an die Nobel-Traditionslinie der Friedrichstraße anknüpfen. Le Grand Restaurant Silhouette gestattet in der siebenten Etage einen Blick über die Dächer der Friedrichstadt. Geboten werden französische Küche, erlesene Weine und Tischtelefone für Gespräche im Restaurant, im Haus und darüber hinaus. Das Restaurant Coelln erinnert an einen der beiden Gründungsorte Berlins und bietet im ersten Obergeschoß an der Friedrichstraße gut und gern 110 Gästen Platz. Im Stil eines Thüringer Gasthofes – braune Balken und weißgetünchte Wände – ist das Restaurant Zur goldenen Gans in der ersten Etage eingerichtet. Ganz auf Spreewald abgestimmt: das Restaurant Forellenquintett. Wer will, darf sich sein Menü selbst bereiten.

Von den Cafés schenken wir – aus gutem Grund – dem Café Bauer kurz unsere Aufmerksamkeit, bevor wir auf die andere Straßenseite wechseln, um das alte Café Bauer zu besuchen. Dieses nämlich bot den Architekten einige Anregungen zur Gestaltung des heutigen – mit Spiegeln, Kristalleuchtern, Mamorfußboden und anderem mehr. Nur – so viele Zeitungen wie einst auslagen – etwa 600 in- und ausländische Periodika – sind im jetzigen nicht zu finden.

Wo heute das Grand Hotel steht: Der Havanna-Laden, »Ulbrichts Wucherbude«, wo es Westwaren zu extrem überhöhten Ostpreisen gab

Treffpunkt Linden-Corso

Wo einst das berühmte Berliner Café Bauer stand, das den zweiten Weltkrieg nicht überdauerte, wuchs in den sechziger Jahren nach Plänen des Architekten Werner Strassenmeier ein fünfgeschossiger Bau mit riesigen gläsernen Fronten in die Höhe. Durch die großen Scheiben des Linden-Corso drang des Abends lockend gleißendes Licht, das so manchen Friedrichstraßen-Bummler zum Einkehren lockte. Doch einen freien Platz dort zu finden, war keineswegs einfach, obwohl fast 1000 davon in Weinrestaurant, Café, Tanzbar, Nachtbar, Espresso und Boulevardcafé zur Verfügung standen. Man saß, trank, speiste und unterhielt sich, konnte bei einem Schoppen Wein oder einer Weiße mit Schuß den vorüberflutenden Verkehr betrachten und dabei vielleicht auch an den ersten Verkehrspolizisten denken, der an dieser Kreuzung die Automobile und mancherlei mehr mit hellen Trompetenstößen zur Räson zu bringen trachtete.

Ein eifriger Statistiker hat einmal errechnet, daß im Linden-Corso binnen eines einzigen Jahres zirka zwei Millionen Gäste aus dem In- und Ausland bewirtet worden sind. Die Köche brutzelten und schmurgelten in diesen zwölf Monaten nicht weniger als 750 000 Mahlzeiten, die Zapfer schenkten ebenso viele Gläser Bier ein, übrigens aus einer Tankanlage mit 5000 Litern original Wernesgrüner im Bauch. Meinte es die Sonne besonders gut, sorgte die Patisserie täglich mit etwa 2000 Portionen Eis für begehrte Erfrischung.

Das Weinrestaurant war bemüht, mit einer abwechs-

Das Linden-Corso, 1991

lungsreichen Speisekarte alle Gourmets zufriedenzustellen. Im gegenüberliegenden Café konnte man bei Marmor- und Sachertorte der eigenen Waage etwas zu murren geben. Das Espresso um die Ecke wurde beliebter Treffpunkt nicht nur für Verliebte, die bei einem Täßchen »Heeßen« sich finden und die Welt vergessen konnten. Hierher kamen auch die »kaputten Typen«, weshalb man auch vom »Café kaputt« sprach.

Die Tanzbar schließlich war stadtbekannt ob ihrer Corso-Knallbonbons wie Böser-Buben-Ball, Fasching, Frühlings- und Sommernachtsbälle, Bockbieranstiche und zum Jahresausklang mit dem großen Silvesterball. Da stieg die Stimmung genauso wie um 24 Uhr die Raketen in den nachtdunklen Himmel über der historischen Kreuzung Friedrichstraße/Unter den Linden.

Dies alles hat im Frühsommer 1991 ein vorläufiges Ende gefunden, da die ehemals staatliche Handelsorganisation HO den Betrieb nicht weiterführen konnte. Neue Nutzungskonzepte sind im Gespräch.

Im Café Bauer

Wiener Charme im Café Bauer

Der Berliner (nicht nur) von einst ging gern die Friedrichstraße entlang, und so mancher trällerte vor sich hin oder pfiff sich eins:

Untern Linden, Untern Linden,
gehn spazier'n die Mägdelein,
wenn du Lust hast anzubinden,
so marschiere hinterdrein.
Bist du dann am Café Bauer,
sagt sie dir noch: ich bedauer...

Melancholiker oder Pessimisten marschierten dann eben nicht bis zum Pariser Platz hintendrein, sondern kehrten wehmütig ins Café Bauer ein, um bei Kaffee und Cognac neuen Lebensmut zu schöpfen, eben dort, wo sich später das Linden-Corso befand.

»Als das Café Bauer, Unter den Linden, Ecke der Friedrichstraße, sich 1878 aufthat und einen in Berlin bis dahin unerhörten Luxus offenbarte, begann das Wiener Café mehr und mehr mit den Lebensgewohnheiten des Berliners zu verwachsen«, heißt es in einer zeitgenössischen Schilderung. Was damals so imponierte, nötigt uns heute ein nostalgisches Lächeln ab: Gußbalkendecken und Eisensäulenschäfte mit gebeiztem Messing sowie Paneele aus schwarz gebeiztem Holz. Besitzer Matthias Bauer verhehlte mit damaliger großzügiger Eleganz seiner Restauration und dem Charme des Gastgebers keinesfalls, daß er ein gebürtiger Wiener war.

Lassen wir uns einen Moment von Schriftsteller Paul Lindenberg in die alte Zeit zurückversetzen und ins Café Bauer entführen, in dem sich »ein unterhaltsames Stück Berliner Leben Tag für Tag« abspielte.

»Sei es im Sommer, wenn draußen Unter den Linden die Menschenwogen in abwechslungsvollem Gewühl vorüberfluten, sei es im Winter, wenn aus den Kristallkronen die Glühlichtflämmchen strahlen und in später Nacht oder früher Morgenstunde dichtgedrängte Besucherscharen hereinströmen, hier an der Seite ihrer eleganten Herren mit tadellosem Frack und schneeweißer Krawatte Damen in rauschender Gesellschaftstoilette, dort ein Trupp phantastischer Masken in buntem Durcheinander, von einem lustigen Künstlerfest kommend, da, in dichtem Knäuel, die Angehörigen einer studentischen

Verbindung..., die ›Füchse‹ eifrig für die ›alten Herren‹ trotz des Abwehrens der Kellner die Marmortischchen zusammenrückend und Stühle heranholend...«

Man schaute herablassend kühl durchs Monokel oder lorgnettierte unauffällig, aber scharf, wer am Nachbartische mit wem saß, was man nebenan für elegante Garderobe trug. Schildchen mit Aufschriften wie »Reserviert« oder »Sie werden plaziert« waren in jener Zeit noch nicht im Schwange. Nach Wiener Vorbild hatte das Café Bauer täglich geöffnet, und zwar bis in die späte Nacht hinein. Schließtage kamen erst in jener Zeit vor der Wende auf, da Gäste die Mitarbeiter schon durch ihre Anwesenheit zu beleidigen schienen.

Bemerkenswert eine weitere – wie wir heute sagen – Dienstleistung. Wer wollte, der konnte im Café Bauer ausgiebig in Zeitschriften und Tageszeitungen blättern und lesen. Nicht weniger als 600 in- und ausländische Periodika lagen bekanntlich aus. Ein eigens dafür bestallter Kellner sorgte dafür, daß stets die neuesten Druckerzeugnisse zum selbstverständlichen Angebot gehörten. Lassen wir auch dazu einen Zeitgenossen zu Wort kommen: »Stundenlang konnte der Berliner an den kalten Marmortischen sitzen, ohne daß Kellner ihn zu verjagen suchten. Ja, diese Leute schienen nur dazu angestellt, den lieben Gast zu längerem Verweilen aufzufordern: ›Welche Zeitung beliebten der Herr jetzt zu lesen?‹. Das war etwas Wunderbares.«

Das Café Bauer bot seinen Gästen zudem die gern genutzten Möglichkeiten, in Billardräumen eine mehr oder minder ruhige Kugel zu schieben oder sich in Spielsälen von Fortuna küssen zu lassen. Wem weder nach dem einen noch nach dem anderen gelüstete, der stieg halt wenige Stufen zur Galerie hoch und genoß vom Fenster aus das bunte Treiben an der Kreuzung.

Wiener Charme unterlag später preußischem Zeitgeist. Anton von Werner hatte im Auftrage eines Nachfolgers des Wieners die Lokalität mit überdimensionalen Kaiserbildern auszustatten. Der offizielle Historienmaler des preußischen Hofes verewigte den Kaiser in allen Lebenslagen: Kaiser beim Cognac, Kaiser – wer will's glauben? – beim Apfelstrudel und dergleichen. Vielleicht sollte damit dem Café Kranzler gegenüber Konkurrenz ge-

WIENER CHARME IM CAFÉ BAUER 119

Aldoph Menzel auf Motivsuche im Café Bauer

macht werden, um Gardeleutnants, Rittergutsbesitzer und andere Kaisertreue von dort weg in dieses Etablissement zu locken.

Zu den berühmten Gästen des Cafés Bauer gehörte der Maler Adolph Menzel. Bekannt ist ein Bild, das die »kleine Exzellenz« dort mit Lorgnon zeigt. Den zweiten Weltkrieg überstand das Café Bauer nicht.

Es ist zwar strahlend hell, doch »richtijet Jas wird det nich«

Eine Sensation ohnegleichen sollten im September des Jahres 1884 all jene geladenen Gäste erleben, die zuhauf in das Nobel-Restaurant von Bauer strömten. Sie hatten in den Zeitungen ja längst von dem »Teufelslicht« gelesen, das der Amerikaner Thomas Alva Edison auf der Pariser Weltausstellung im Jahre 1881 unter starkem Beifall vorgeführt hatte. Nun sollten sie dieses Erlebnisses selbst teilhaftig werden! Nicht, daß der Amerikaner nach Berlin gekommen wäre. Der deutsche Ingenieur Emil Rathenau hatte sich in Paris die Erfindung genau angesehen und sich weitblickend gesagt, daß ihr die Zukunft gehöre. Was aber nutzt die beste Idee, wenn sie sich mangels Kasse nicht realisieren läßt? Mit entsprechenden Patenten für Deutschland in der Tasche, gründete Rathenau gemeinsam mit mehreren Banken eine Studiengesellschaft, die Licht machte, um Motten anzulocken. Klartext: Er wollte für seine Pläne Finanzkräftige mit einer Reklameveranstaltung gewinnen. Dafür erkor der geschäftstüchtige Ingenieur das Café Bauer aus.

Im Hause Friedrichstraße 85 errichtete er im Keller ein kleines Elektrizitätswerk. Es erhielt den Namen Blockstation, weil es genau einen Häuserblock mit Strom versorgen konnte, in unserem Falle das Geviert Friedrichstraße, Unter den Linden, Charlottenstraße und Behrenstraße. Vier Dampfmaschinen von zusammen 280 PS (206 kW) betrieben vier Edison-Dynamomaschinen, die ihrerseits einen Gleichstrom von 100 Volt mit einer Leistung von 100 kW produzierten.

Erwartungsfroh setzten sich die illustren Leute an die Marmortische und harrten des Lichtes, das da aus dem Keller kommen sollte. Keiner hat verzeichnet, wie viele »Ah's« und »Oh's« das Licht endlich begrüßten. Nie hat-

Das Café Bauer

ten die Herren zu so später Stunde ihr edles Profil so strahlend zur Schau stellen, nie hatten Damen zu einer solchen Zeit ihr Geschmeide so glänzen lassen können.

Doch als der Frohsinn am größten und die Werbung am stärksten schien, da flackerte es plötzlich ganz schaurig, und bald lag das Café Bauer im Halbdunkeln. Ein gewisser Oskar von Müller, seinerzeit Direktor der Deutschen Edisongesellschaft für angewandte Elektrizität, keuchte voll böser Ahnung in den Keller. Er hatte richtig vermutet: Die Wasserkühlung reichte nicht aus, so daß die Lager glühten. Wie überliefert ist, mußten Sektkühler und Eis aus dem Café herhalten, um die Temperaturen zu senken und den Lichtgrad wieder zu erhöhen, was endlich gelang.

Trotz der kleinen Panne begann in der Friedrichstraße 85 unterm Café Bauer der Berliner Siegeszug der Elektrizität. Bereits ein Jahr später arbeitete in der Markgrafenstraße (heute Wilhelm-Külz-Straße) die erste Kraftzentrale der Berliner Elektrizitätswerke mit Dampfmaschinen der Firma Borsig. Sie spendete Strom für öffentliche Gebäude in einem Umkreis von immerhin schon 800 Metern. Eine zweite Zentralstation surrte alsbald in der Mauerstraße.

Kinderkrankheiten blieben nicht aus. Oft schwankte der Strom beträchtlich, mußten private Verbraucher zugunsten öffentlicher Einrichtungen abgeschaltet werden. Die Betroffenen begnügten sich dann in ihren Wohnungen mit der alten vertrauten Gasbeleuchtung und spöttelten über den ausgebliebenen Strom: »Een richtijet Jas wird det im Leben nich«. Wie realistisch diese Vorschau war, wissen wir.

Übrigens kostete eine Kilowattstunde achtzig Pfennig. Das überstieg beträchtlich den Etat vieler Haushalte, so daß die Edison-Birnen zunächst nur wenigen schmeckten.

Vier Jahre später, am 30. August des Jahres 1888, erstrahlte die Kreuzung Friedrichstraße/Unter den Linden zum erstenmal im Scheine elektrisch betriebener Lampen. Tausende Berliner strömten aus allen Teilen der Stadt herbei, um dieses Wunders ansichtig zu werden. Müssen wir die Elektrisch-Licht-Premiere im Café Bauer als exklusiv bezeichnen, gebührt diesem Ereignis die Be zeichnung volkstümlich. Lokalreporter jubelten euphorisch, wie wir es heute allenfalls von Sportberichterstattern gewöhnt sind: »Wie mit einem Zauberschlag wurde es plötzlich hell, trotz der finsteren Nacht«. Ein anderer frohlockte, sicher im Hinblick auf den abendlichen Verkauf von Zeitungen: »Die leuchtenden Kugeln, die wie Gestirne aussahen, leuchteten so hell, daß man unten bequem die kleinste Schrift lesen konnte.«

Oskar Blumenthal, der das Libretto fürs »Weiße Rößl« schrieb, berichtete über eine uns nicht mehr nachvollziehbare Begeisterung: »Wenn ich mich von einem Freunde verabschiedete, um ins Theater zu gehen, rief er mir nach: ›Ich wünsche Ihnen eine angenehme Beleuchtung!‹«

Café Kranzler (vorn) und Café Bauer

Schuhputzer an der Kreuzung Unter den Linden / Friedrichstraße, 20er Jahre

Mit Puschel-Schal ins Kranzler...

Es war zu Beginn der sechziger Jahre des vorigen Jahrhunderts, als zwei uns wohlvertraute Männer die Straße Unter den Linden entlangspazierten und sich darüber unterhielten, wo man nach ausführlichem Gespräch über Lenau und Mörike ausgiebig frühstücken könne. Der eine schlug vor, in seine nahe Wohnung zu gehen, der andere meinte, dafür sei das Café Kranzler an der Ecke Friedrichstraße genau das richtige.

Darob erschrak der erste, weil sein Gesprächs- und Flanierpartner »für Kranzler nicht geschaffen war«. Nicht, daß er die Kuchengabel nicht richtig zu führen in der Lage war oder sich unschicklich zu benehmen drohte, nein: »Er trug leinene Beinkleider und leinene Weste von jenem sonderbaren Stoff, der wie gelbe Seide glänzt und sehr leicht furchtbare Falten schlägt, darüber ein grünes Röckchen, Reisehut und einen Shawl.« Und jenes letztgenannte modische Beiwerk beleidigte den Erschrockenen geradezu. Sein Begleiter trug nämlich den Schal in endloser Länge rund um den Hals herum, »trotzdem hing er noch in zwei Strippen vorn herunter, in einer kurzen und einer ganz langen. An jeder befand sich eine Puschel, die hin und her pendelte«.

Der eine widerstrebend, der andere vollkommen unbefangen, weil er um die Seelenqualen seines Begleiters nichts wußte, so betraten sie das Café Kranzler. »Vorne saßen gerade Gardekürassiere, die uns anlächelten, weil wir ihnen ein nicht gewöhnliches Straßenbild gewährten.« Am Büfett erkundigte sich der Shawl-Träger bis ins kleinste Detail nach dem Angebot – die befragte Dame »bewahrte gute Haltung«. Zu alledem suchte er sich auch noch einen exponierten Tisch aus. Dort »nahm er unser Gespräch über Mörike wieder auf, und je lebhafter es wurde, je mächtiger pendelte der Shawl mit den zwei Puscheln hin und her. Ich war froh, als wir nach einer halben Stunde wieder heil heraus waren.«

Wohin sie anschließend gingen, hat Theodor Fontane in seinen autobiographischen Schriften nicht vermerkt, wohl aber, daß er die »kolossal hohe Selbsteinschätzung« seines schaltragenden Begleiters Theodor Storm bewunderte.

Zum Zeitpunkt des Dichterbesuches bestand das Café Kranzler an der Ecke Friedrichstraße/Unter den Linden etwa vierzig Jahre. Der österreichische Zuckerbäcker und spätere Hofkonditormeister Johann Georg Kranzler hatte es im Jahre 1825 eröffnet. »Mein Berlin«, schrieb die Schauspielerin Karoline Bauer über diese Zeit, »hatte nur 200 000 Einwohner, kein Gas, keine Eisenbahnen, keine Wasserleitung, keine Trottoirs, nur drei Theater, zwei Zeitungen, kein Börsenfieber und das lustige Lebensmotto: Es lebe die Bagatelle, die Kleinigkeit... Ein Eckensteher- oder Schusterjungenwitz machte die fröhliche Runde durch alle Weißbierstuben und Teegesellschaften.« Und nunmehr auch durch das Café Kranzler.

Der österreichische Zuckerbäcker bot seinen preußischen Gästen nicht gerade Schusterjungenwitze, wohl aber mancherlei bis dato Unbekanntes in Berlin: etwa ein Rauchzimmer, weil ja Rauchen auf den Straßen und Plätzen verboten war, eine »Musikbande aus dem schönen Italien«, »alle Art Getränke und diverse Leckereien«. Ein Stadtlexikon von 1834 rühmt das Etablissement des Herrn Kranzler als eine Konditorei erster Klasse. Sie sei »ganz besonders ausgezeichnet und beliebt durch die vortreffliche Bereitung und reiche Auswahl von Eis der verschiedensten Sorten«.

Café Kranzler bei Nacht, 20er Jahre

Ins Kranzler kehrte vornehmlich die sogenannte feine Welt ein, mit Vorliebe dekorierte Uniformierte. Schriftsteller Friedrich Saß bezeichnete das Café in den vierziger Jahren des vorigen Jahrhunderts als »die Walhalla der Berliner Gardeleutnants«. Sie löffelten den ganzen Nachmittag höchstens ein Eis und lästerten grauslich über all jene, die da kamen oder vorbeiflanierten.

Friedrich Saß verdanken wir ein vorzügliches Bild vom kranzlerischen Stammpublikum. »In der Tat, ein Berliner Gardeleutnant, ein Berliner Dandy – und beide der exklusivsten Art, kann man bei Kranzler studieren – ist in unserer Zeit ein seltsames Wesen. Er kann wohl unsere Beachtung verdienen als ein Beweis, in welcher Leerheit der gegenwärtige Zustand der Gesellschaft seine Ausläufe findet. Der Gardeleutnant wird geboren als echtes Vollblut von echtem Vollblut und fühlt sich nun von vornherein als ein Wesen höherer Art... Wenn die Epaulettes zum ersten Male auf seinen Schultern prangen, wenn der Federbusch zum ersten Male auf seinem Haupte winkt, wenn die Soldaten in allen Ecken und Winkeln präsentieren, wie sollte er da nicht fühlen, daß er berufen ist, ein 'Wesen von höherer Art' in dieser sublunarischen Welt darzustellen?«

Die anderen Gäste, in Zivil, pflegten »mit den Gardeleutnants in einer Sphäre zu atmen«, etwa junger, müßiger Adel oder Gesandtschaftsattachés: Sie waren »die Lichtpunkte, die großen Sonnen des kranzlerschen Dandytums, denen sich mehr oder minder erleuchtete, dunkle oder leere Körper anschließen«. Wen es nach einer Zeitung gelüstete, der ließ sich eins der konservativen Blätter kommen, die da auslagen: die »Preußische Staatszeitung« beispielsweise. Gardeleutnants schauten begierig in das Militärblatt. Es war ihnen das wichtigste von allen, weil es akkurat und aktuell jegliche Beförderungen anzeigte. Diese Mitteilungen boten Stoff für anschließende ebenso nutzlose wie stundenlange Debatten des Für und Wider solchermaßen angezeigter Karrieren.

Nach diesen Schilderungen wird sicher verständlich, daß Theodor Fontane mit dem – sagen wir – leger angezogenen Theodor Storm nicht gerade gern in das elegantborniertes Lokal einkehren mochte. Zu verstehen ist sicherlich auch, daß Kranzler für Leute aus dem arbeitenden Berlin unerschwinglich war. Mal abgesehen davon, daß sie sich unter den Gardeleutnants und Dandys alles andere denn wohl gefühlt hätten.

Einzig die Kinder hatten mal was von Kranzler, und zwar bezeichnenderweise nicht den Kuchen, sondern die Krümel. Ein Berliner Steppke von einst sang:

> Du kannst mir mal vor'n Sechser,
> weil wir uns jrade kenn',
> bei Kranzler um de Ecke
> nach Kuchenkrümel renn'.

Vor dem Café Kranzler

Wo man sich bettet

Verlassen wir die Kreuzung Friedrichstraße/Ecke Unter den Linden mit der Erkenntnis, daß sie im kleinen offerierte, was die Straße im ganzen bot: Hier konnte man sich amüsieren oder ärgern, sich bilden oder verbilden lassen, hier konnte man an edlem Wein nippen, feurigen Kaffee trinken, hier ließ sich Lust genießen. Und – wie und wo man sich bettete, so schlief man. Hotels spielen in der Geschichte der Straße eine große Rolle: Ob nun königliche Residenz, Kaiserstadt, Reichshauptstadt, Viersektorenstadt, Hauptstadt oder Bundeshauptstadt – Berlin zog und zieht Gäste an wie Motten das Licht.

Das dritte größere Hotel in der Friedrichstraße ist das Hotel Metropol. Im April des Jahres 1977 öffnete es zwi-

Hotel Metropol, 1985

schen Clara-Zetkin- und Mittelstraße einladend seine Pforten. Damals war es das vierte Interhotel Berlins. In elf Etagen bietet es mehr als 700 Übernachtungsmöglichkeiten in Appartements sowie in Ein- und Zwei-Bett-Zimmern. Auch hierbei hatte die schwedische Firma SIAB ihre bauende Hand im Spiel. In einem angeschlossenen Flachbau kann das renommierte Haus in Restaurant, Grillbar und Café rund 1 000 Gäste bewirten. In den wärmeren Monaten stellen die Kellner die Stühle raus, und man sitzt etwas erhöht, kann sich das quirlige Treiben in der Friedrichstraße anschauen oder sich eines kleinen künstlichen Wasserfalls erfreuen.

Zu Beginn des vorigen Jahrhunderts hießen die zeitweiligen Unterkünfte noch schlicht Gasthof oder Herberge. Leopold Freiherr von Zedlitz konstatierte 1834 erstaunt, daß mehrere Gasthöfe erster Klasse auf ihrem Schild das Wort »Hôtel« führten. Etwa das Hôtel de Brandenbourg, das Hôtel zur Stadt Rom und andere.

Keines befand sich in unserer Friedrichstraße. Wohl aber ein Hôtel de Refugé oder Maison françoise in der Friedrichstraße 61 an der Ecke Kronenstraße. Allerdings verdiente es die Bezeichnung Hotel nach unserem Verständnis nicht, es war vielmehr eine hugenottische Stiftung. In den dreißiger Jahren des vorigen Jahrhunderts wurden »12 arme Frauen in dieser Anstalt verpflegt, und einige bedürftige Männer erhalten außerhalb des Hauses Geldunterstützung«.

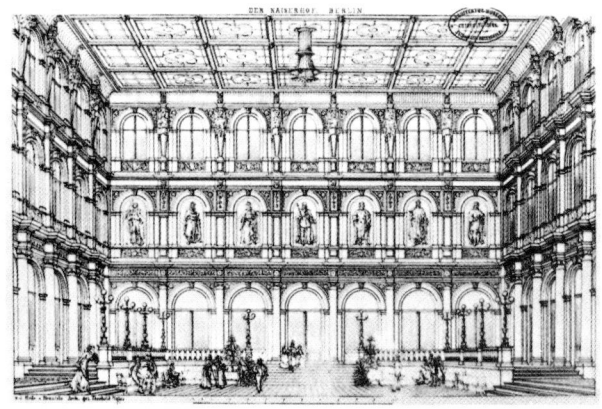

Haupthalle des Hotels Kaiserhof, um 1874

Wenige Jahrzehnte später sah es schon ganz anders aus. Berlin erlebte so etwas wie den Ursprung eines Touristenstromes. So schrieb Paul Lindenberg: »Waren früher Russen, Engländer, Italiener, Amerikaner usw. nur vereinzelt Gäste in Berlin gewesen, so traten sie jetzt in wachsender Zahl auf... Sicherlich ist es nicht zu hoch gegriffen, wenn wir die Zahl der jetzt jährlich die Hauptstadt besuchenden Fremden auf beinahe eine Million schätzen... Die wachsenden Fremdenscharen bedingten für Berlin eine neue Pflicht: für ihre genügende und bequeme Unterkunft zu sorgen.«

Das taten in der Friedrichstraße in den siebziger Jahren des vorigen Jahrhunderts das bereits erwähnte Victoria Hotel an der Linden-Ecke, der Albrechts Hof nahe der Krausenstraße (heute: Otto-Nuschke-Straße) sowie der Rheinische Hof an der Ecke und der Dresdner Hof nahe der Leipziger Straße. Daß sie ihre Preise zu nehmen wußten, darf dieser zeitgenössischen Schilderung entnommen werden: »Bei längerem Aufenthalt wird man wohlthun, ein möblirtes Zimmer zu miethen.« Übrigens fielen die Preise mit zunehmender Entfernung des Etablissements von der Straße Unter den Linden.

Der anschwellende Touristenstrom, die wachsenden Fremdenscharen machten neue Überlegungen notwendig. Es entstanden »Riesenhotels, welche mehrere hundert Personen zugleich beherbergen können, nicht von Einzelnen begründet, sondern von kapitalfähigen Aktien-

Blick vom Bahnhof Friedrichstraße in Richtung Unter den Linden, rechts das Central-Hotel, 1903

gesellschaften«. Den Anfang machte 1875 der Kaiserhof am Wilhelmplatz. Am Bahnhof Friedrichstraße wuchsen das Central-Hotel in die Höhe, auf das wir noch zurückkommen werden, und das Monopol-Hotel. Nahezu gegenüber dem Central-Hotel befanden sich weitere Übernachtungsorte: das Neudecker Hotel, die Hotels Prinzenhof und Terminus, an der Mittelstraße der Rheinische Hof. Um eine Preisvorstellung zu bekommen: Das Mono-

pol-Hotel nahm für ein Zimmer zwischen drei und acht Mark »einschließlich Fahrstuhl-Benutzung und elektrischer Beleuchtung«.

In den »Goldenen Zwanzigern« hatte Berlin – wie ein Reiseführer schrieb, »natürlich die größten und imposantesten Hotels von Deutschland. Die Häuser Adlon, Esplanade, Kaiserhof, Bristol, Continental, Eden, Russischer Hof, Excelsior, Fürstenhof, Central-Hotel u. a. gehören zu den stattlichsten Hotelpalästen der Welt und weisen jene Bequemlichkeit und Erlesenheit auf, die man in Gaststätten ersten Ranges erwartet.«

Hotels zweiten Ranges erfüllten vielfach ebenfalls verwöhnte Ansprüche. Selbst einfache Hotels böten saubere Zimmer zu relativ kleinen Preisen. »Die meisten Hotels, die für Fremde in Frage kommen, liegen zwischen Bahnhof Friedrichstraße und Anhalter und Potsdamer Bahnhof sowie nahe Bahnhof Zoologischer Garten und am Stettiner Bahnhof.« Gewarnt wurde vor »Beherbergungsanstalten«, die in der Regel nur eine oder zwei Etagen einnahmen. Sie seien vorwiegend Absteigequartiere.

In der Klassifikation »Hotels allerersten und ersten Ranges« findet sich unser Central-Hotel wieder und wurde auch das Kaiser-Hotel mit Kaiser-Café, weißem Saal, Schifferzimmer sowie dänischer Frühstücksstube genannt. Es befand sich in der Friedrichstraße 176-178, zwischen Tauben- und Jägerstraße (später Johannes-Dieckmann- und Otto-Nuschke-Straße).

Blick auf das Hotel Kaiser, 1938

Häusertelegramm Nr. 71 (nicht erhalten)

Farbig lasierte Terracotten verwendete Architekt Emanuel Heimann für den Bau des Patzenhofbräu-Bierhauses an der Friedrich- Ecke Taubenstraße (später: Johannes-Dieckmann-Straße). Das Gebäude in den Grundtönen Gelb und Blau lehnte sich an Formen der italienischen Hochrenaissance an. Die Wölbungen der Bierhallen ruhten auf kostbaren Labradorsäulen.

Als »weniger luxuriös, aber empfehlenswert« wurden Berlin-Besuchern folgende Hotels in der Friedrichstraße genannt: Silesia gegenüber dem Central-Hotel, Atlas an der Spree und Homburg nahe der Französischen Straße. Schließlich buhlte auch die Pension Schultz-Vielhaack an der Ecke Französische Straße mit ihren 25 Betten in 17 Zimmern um Gäste.

Kehren wir endlich in das Central-Hotel ein. In den achtziger Jahren des vorigen Jahrhunderts kaufte Bauunternehmer Hermann Geber, vorausschauend und geschäftstüchtig, den Stadtpark gegenüber dem Bahnhof Friedrichstraße. Dort ließ er für zwölf Millionen Mark auf neuntausend Quadratmetern ein vier Stockwerke hohes Hotel mit eigenem Post-, Telegraphen- und Reisebüro sowie einem Fernsprech-Kabinett errichten, das – man merke auf – Gespräche nach Hamburg, Hannover, Leipzig und anderen Städten vermittelte. Unterschiedlich sind die zeitgenössischen Zahlenangaben: Der Baedeker nennt 500 Zimmer, Ernst Friedel jedoch 400 Fremdenzimmer mit ca. 500 Betten sowie eine große Zahl reich dekorierter Salons. Fast jedes Zimmer habe einen Balkon zur Straße. Paul Lindenberg schließlich zählt »sechshundert Zimmer und Salons, welche sämtlich elektrische Beleuchtung aufweisen«. Sie könnten siebenhundert Gäste aufnehmen.

In seinem Buch »Deutsche Kaiserstadt Berlin« von 1882 schildert Ernst Friedel das pompöse Haus: »Eine Central-Dampfheizung erwärmt sämtliche Räume des Hauses, die auf das Beste ventilirt sind. Badezimmer und elegante Toilettenräume sind in reichlicher Weise angelegt. Sehr bemerkenswerth sind die Garderobenspinde in allen größeren Zimmern, welche zum Aufhängen der zu reinigenden Garderobe bestimmt sind. Das Erdgeschoß enthält an den drei Fronten ca. 30 Läden, ein Post- und Telegraphenbureau sowie das Auskunftsbureau des Herrn Riesel, welches auch den Verkauf von Eisenbahnbillets u. s. w. besorgt. Außerdem ist dem Bahnhofe gegenüber ein Café-Restaurant angelegt worden. Helle und luftige Eintrittshallen und Durchfahrten führen auf den Centralhof, welcher 29 m breit und 20 m tief ist, und um den sich die besten Zimmer gruppiren, vor allem die drei großen reich dekorirten Fest- und Speisesäle, welche eine Länge

Das Central-Hotel zwischen Dorotheen- und Georgenstraße, 1886

von 60 m, eine Breite von 11 m und eine Höhe von 9 m haben, und die sowohl als ein großer Saal, sowie auch als drei fest gegeneinander abgeschlossene Säle benutzt werden können. Vorsäle, Damensäle, Lesesalons und Vorflure mit Garderoben und Toiletten schließen sich den Hauptsälen an.« In den Lesesälen lagen mehrere hundert Zeitschriften und zweihundert Adreßbücher der wichtigsten Städte der Erde aus.

Über eine prächtige Freitreppe gelangte man in die Attraktion des Central-Hotels. »Der Wintergarten ist ein mächtiger Raum für sich, der mit seinen Nebenräumen bequem über dreitausend Personen Aufenthalt gewährt und in der lebhaften Saison abends das lustige Berlin versammelt«, schrieb ein Zeitgenosse von Ernst Friedel.

Wenn Otto Reutter im Wintergarten sang...

Ältere Berliner erinnern sich noch, wie ihre Eltern und Großeltern ins Schwärmen gerieten, sobald der Name »Wintergarten« fiel. Großvater verdrehte verzückt die Augen, als er von den Tiller-Girls oder den frechen Can-Can-Tänzen der Saharet sprach. Großmutter hielt es mehr mit den Komikern wie Grock oder Artisten wie den Drei Codonas. Beide warfen sich große Namen wie Bälle zu: Weißt du noch, als Fritzi Massary auf der Bühne stand? Als Otto Reutter sang, daß in fünfzig Jahren alles vorbei sei. Ach ja, und die Mistinguette. Sie eroberte sich von der Bühne des Wintergartens herab die Herzen der Berliner. Nicht minder Eric Charell, Rastelli und viele andere.

Es ist unmöglich, an dieser Stelle alle aufzuführen, die im ersten Groß-Varieté der Stadt für kurzweilige Unterhaltung und langanhaltenden Applaus sorgten, für atemlose Spannung und das beglückende Gefühl, dabeigewesen zu sein.

Wer zum Wintergarten wollte, schlug nicht selten den Weg ein, den wir heute zum Friedrichstadt-Palast nehmen: Man stieg am S-Bahnhof Friedrichstraße aus und ging dann nicht wie heute in Richtung Oranienburger Tor, sondern wandte sich der Straße Unter den Linden zu. Allerdings nur ein paar Schritte; denn zwischen Georgen- und Dorotheenstraße stand proper und gediegen das Central-Hotel, für das Architekt von der Hude die Risse gezeichnet hatte. Dabei hatte er offensichtlich mehr als einmal intensiv zum Berliner Schloß geschaut.

Der Wintergarten, das spätere Varité, im Centralhotel, 1883

Der Wintergarten mit dem berühmten Sternenhimmel

Der 2 500 Quadratmeter große Wintergarten zog sich innerhalb des Hotels von der Dorotheenstraße bis zur Georgenstraße hin. Dem Alfred-Brehm-Haus im Berliner Tierpark vergleichbar, rief er mit Palmen, Lianen, Springbrunnen und Blumenarrangements den Eindruck eines Tropengartens hervor, was natürlich im Winter von besonderem Reiz für die Gäste war. Die Hoteliers – Hermann Geber hatte den Prachtbau inzwischen mit Gewinn an die Eisenbahnhotel-Gesellschaft verkauft – luden in den Wintergarten zu Redouten, Basaren und Ausstellungen ein, die von kleinen bunten Programmen umrahmt wurden.

Dies wiederum regte im Jahre 1886 den Wiener Julius Baron an, den Wintergarten zu pachten und nach Vorbildern aus seiner Heimatstadt zu einem Varieté umzugestalten. Premiere war im Herbst des darauffolgenden Jahres mit dieser Programmfolge: fünf Orchesterpiecen, eine Liedersängerin, ein primo Tenore, ein provenzalisches Quartett, ein spanisches Sextett, eine Salon-Jodlerin, ein Wiener Duettistenpaar, drei kleine Xylophon-Virtuosen und Vorträge des Hausorchesters sowie der Magnatenkapelle des Vörös Miska. Wie man bemerkt, hatte Herr Baron anfänglich noch Schwierigkeiten, Artisten zu verpflichten. Das änderte sich alsbald.

Der Amüsierbetrieb im Wintergarten fand nicht nur freudige Zustimmung, dies sei ausdrücklich vermerkt. Ei-

*Die Friedrichstraße
in der Literatur:*

*E. T. A. Hoffmann
(1776–1822)*

*Schweigend gingen wir die Friedrichstraße hinauf; rasch bog er in eine Querstraße ein, und kaum vermochte ich ihm zu folgen, so schnell lief er die Straße hinab, bis er endlich vor einem unansehnlichen Hause still stand. Ziemlich lange hatte er gepocht, als man endlich öffnete. Im Finstern tappend, erreichten wir die Treppe und ein Zimmer im oberen Stock, dessen Türe mein Führer sorgfältig verschloß. Der Mann trat vor einen Schrank in der Ecke des Zimmers, den ich noch nicht bemerkt hatte, und als er den Vorhang wegzog, wurde ich eine Reihe schöngebundener Bücher gewahr mit goldenen Aufschriften: Orfeo, Armida, Alceste, Iphigenia usw., kurz, Glucks Meisterwerke sah ich beisammen stehen.
Sie besitzen Glucks sämtliche Werke? rief ich.
Er antwortete nicht, ... ergriff eins der Bücher – es war Armida – und schritt feierlich zum Klavier hin.
... Er schlug das Buch auf, und – wer schildert mein Erstaunen! ich erblicke rastrierte Blätter, aber mit keiner Note beschrieben.*

(Aus: Ritter Gluck, 1809)

ner der Hotelgäste mokierte sich: »Es läßt sich nicht bestreiten, daß die Verbindung des Hotels mit dem Vergnügungssaal die Nutzbarkeit der Gastzimmer ungünstig beeinflußt.« Was Reisende unserer Tage aus leidvollen Erfahrungen mit Hotel-Diskotheken sicher gern bestätigen. Aus der Sicht der Hotel-Eigentümer sah das ganz anders aus: Schlafgäste bringen nur zweimal Geld. Mehr sollte es sein. Also: Erst essen, dann berappen, es folgt das Vergnügen, wieder bezahlen, endlich schlafen, erneut zur Kasse. So lohnt sich das Geschäft.

*Ein Programmzettel vom
19. Januar 1890*

Der Wintergarten erlebte zahllose Premieren. Was Rang und Namen in der Welt der heiteren Muse hatte, trat hier auf. Baron und sein Kompagnon Dorn machten manches möglich.

Jurist Ludwig Herz schildert in seinen »Spaziergängen im Damals« den ersten Welterfolg im Wintergarten. Es traten »The five sisters Barrison« auf, die erste Girltruppe aus den USA. »Unter blonden Lockenperücken, in Kinderkleidchen sangen sie mit dünnen Stimmen Lieder, die man je nach Einstellung als läppische Albernheiten oder ziemlich unverhüllte Zoten aufnehmen konnte. Vier von ihnen waren blutjung, die fünfte, sehr viel ältere, hütete streng ihre Tugend, beutete sie aber zusammen mit ihrem Manne aus. Später trennten sie sich.«

Die Berliner saßen gerne in diesem Varieté, zumal die Eintrittspreise erschwinglich waren, ließen sich vom Zauber des Sternenhimmels gefangennehmen, der sich an der Decke hinzog, vom Kellner auf der Terrasse mit Speisen und Getränken verwöhnen, die auch während der Vorstellung lautlos und freundlich angeboten wurden. Sie lauschten den Klängen des »versenkten« Orchesters und schauten vergnügt zu dem, was sich auf der Bühne bot.

Zu den Stars der Tänzerinnen zählten die erwähnte Saharet (über die der Vers von Mund zu Mund ging: »Saharet ist unsre Muse, sie begleiten jederzeit der Humor, der Kammerdiener und die Zofe Heiterkeit«) und die berühmte Mata Hari.

Vor allem aber trug über viele Jahre Otto Reutter dazu bei, den Wintergarten gewissermaßen unsterblich zu machen. Zum ersten Mal trat er dort am Silvesterabend 1899 auf. Seine humorvollen Couplets zogen die Berliner in Scharen an. Noch in den dreißiger Jahren sah ihn Kurt Tucholsky dort und verglich ihn mit Jaroslav Hašek, dem geistigen Vater des Schwejk. »Ein Refrain immer besser als der andere – wie muß dieses merkwürdige Gehirn arbeiten, daß es zu jeder lustigen Endzeile immer noch eine Situation erfindet«, notierte Kurt Tucholsky, kurz bevor ihn die Nazis »ausbürgerten« und seine Bücher verbrannten. »Und dann ein Lied, meisterhaft, in total besoffenem, von nichts ahnendem Tonfall gesungen: ›Ick wunder mir über jahnischt mehr – !‹ Abends käme er nach Hause, sang er, und da -

Häusertelegramm Nr. 78 (nicht erhalten)
Die Herren Kaiser und von Großheim dachten sich für die Germania-Lebensversicherung ein ansehnliches Gebäude mit einer Fassade aus Nesselberger Sandstein und polierten Granitsäulen aus. Das 1878/80 geschaffene Bauwerk hatte ausgedehnte Keller, die als Lager genutzt wurden.

Otto Reutter als Hahn im Korb

Da steht vor meine Kommode 'n Mann -
der sagt: ›Sie! Fassen Se mal mit an!
Alleene is' mir det Ding zu schwer...‹
Ick wunder mir über jahnischt mehr – !

Und dazu ein Mondgesicht, unbeteiligt, mild leuchtend durch die Wolken – was soll man dazu sagen?

Die Leute sagen auch gar nichts, sondern liegen unter dem Tisch, und wenn sie wieder hochkommen, dann verbeugt sich da oben ein dicker und bescheidener Mann, der gar nichts von sich hermacht, obwohl er ein so großer Künstler ist.«

Der Wintergarten, 1938

Der »Berliner Lokal-Anzeiger« vom 20.Oktober 1895 kündigte Außergewöhnliches an: »Skladanowskys Bioskop ist nahezu vollendet und verspricht, eine außerordentliche Attraktion zu werden.« Sicher hatte der Reporter an Probevorführungen im Wirtshaus »Feldschlößchen« teilnehmen dürfen, das in der Berliner Straße 27 in Pankow zu Trank und Schmaus einlud, dort, wo sich heute das Filmtheater »Tivoli« befindet. Nur wenige Schritte weiter, im Haus Nummer 40 an der Ecke Maximilianstraße, wohnte der Erfinder Max Skladanowsky. Hier knuffte und knobelte er an seinem Bioskop, der ersten Filmkamera. Und es war nur natürlich, daß er die ersten Filmschauspieler der Welt in seiner Familie suchte und fand: Seine Tochter sah sich als spielendes Kind auf der Leinwand wieder, und sein Bruder Eugen, ein bekannter Zirkusmann, durfte der Star des ersten Zwanzig-Meter-Streifens werden. In den Zirkusarenen des In- und Auslandes schätzte man Eugen als Tänzer, Reiter, Springer, als Luft- und Parterre-Akrobaten. Nun fungierte er als erster Filmschauspieler.

Am 1. November desselben Jahres hatten die beiden Brüder im Wintergarten ihren großen Tag: Welturauf-

Von einer Weltpremiere im Wintergarten oder: Als die Bilder laufen lernten

führung des »Theaters lebender Photographien«, wie Max sein Kino nannte. Die Geburtsstunde der Kinematographie schlug an der Friedrichstraße, nahm von hier ihren Siegeszug um die Welt. Der Berliner war seinem französischen Miterfinder Lumière und dem Amerikaner Lautham insofern voraus, als er eine wenn auch banale Handlung ersann und dieselbe filmte, während jene ihre Kameras schlicht in den Alltag hielten (Abfahrt einer Lok, Ankunft eines Schiffes).

Dem Schauspieler Eduard von Winterstein verdanken wir eine Schilderung dessen, was sich um die Jahrhundertwende im Wintergarten an der Friedrichstraße tat. »Hier nämlich, auf der Bühne dieses Varietés, erlebte ich zum erstenmal das Wunder des Films. Das heißt, der Name Film existierte noch nicht für diese ›lebenden Bil-

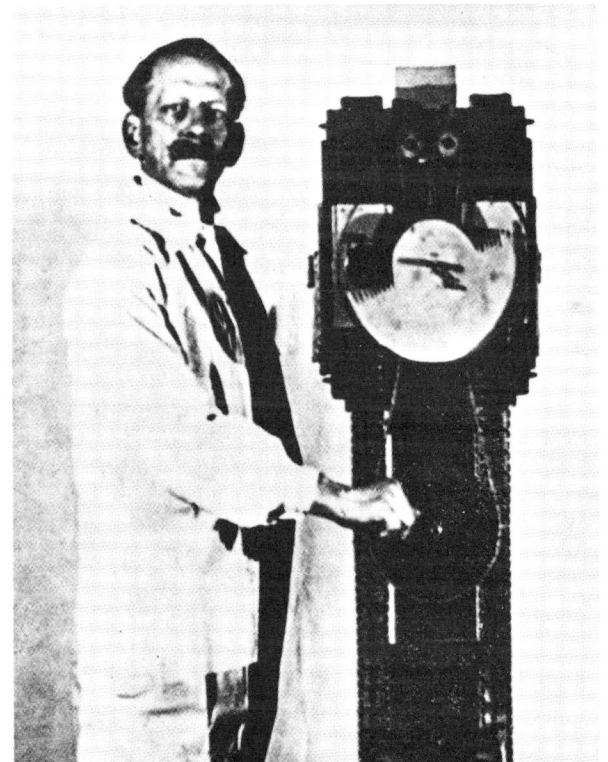

Max Skladanowsky, der Erfinder der Kinematographie, etwa 1895

der‹, die dort – erstmalig am 1.November 1895 von den Gebrüdern Skladanowsky – als Schlußnummer jeder Vorstellung gezeigt wurden. Immer war es eine kurze Szene meist humoristischer Art, zum Beispiel ein Kinderschlafzimmer, in dem sich die Kinder mit Kissen bombardierten, die zum Schluß platzten und einen Schneefall von durcheinanderwirbelnden Daunenfedern erzeugten, sowie ähnliche Scherze – meist drei bis vier Minuten dauernd.« Die Titel schon deuteten das bevorstehende Gaudium an: »Boxendes Känguruh«, »Akrobatisches Potpourri« oder »Mann verfolgt Mann«. Eduard von Winterstein teilte auch weiter mit, daß die Berliner bereits in den Anfangsjahren den noch heute volkstümlichen Namen für die Etablissements zum Vorführen von Filmen prägten: Kintopp.

Ja, und diese Kintöppe schossen nach der Wintergarten-Premiere wie die Pilze aus dem Boden. Max Skladanowsky hatte – finanziell – nichts davon. Er zog sich aus der Branche zurück und eröffnete ein Fotogeschäft. Doch vierzig Jahre nach dem Start trat er mit seinem Bioskop noch einmal im Wintergarten auf und erntete freundlichen Nostalgie-Beifall.

In der Zwischenzeit hatte ein anderer Berliner den Wintergarten mit seinen Wochenschauen erobert: der Mechaniker Oscar Meßter. Er rannte mit seiner Kamera zu mehr oder minder außergewöhnlichen Ereignissen, hoffte, daß die Sonne kräftig scheine, weil er noch nicht über Jupiter-Lampen verfügte, und das Ereignis so lange wartete, bis er es »im Kasten« hatte. Seine Aktualitäten-Schau wurde stets als letzte Nummer des laufenden Varieté-Programms gezeigt.

Schauen wir uns noch einmal zu Otto Reutter um. Wie sang er doch im Wintergarten? In fünfzig Jahren ist alles vorbei... Nach nicht einmal soviel Jahren sank auch der Wintergarten in Schutt und Asche, im zweiten Weltkrieg.

Das »Lustspielhaus« in der Friedrichstraße Nr. 236, 1914

Von der Friedrichstraße 218 direkt auf den Mond: das Apollo-Theater

Apollo-Theater, um 1900

Wann eigentlich wird ein Schlager zum Evergreen, ein Evergreen zum Volkslied? Mißt man den Zeitraum nach Dezennien oder nach – was den letzten Übergang betrifft – gar nach Jahrhunderten? Sind also Lieder, die schon unsere Urgroßväter und Urgroßmütter sangen, summten oder pfiffen und die uns heute noch geläufig sind, das eine oder das andere? Oder bleiben solche Ohrwürmer wie »Schenk mir doch ein kleines bißchen Liebe«, »Schlösser, die im Monde liegen« und »Das macht die Berliner Luft, Luft, Luft« für immer Schlager?

Auf alle Fälle waren, sind und bleiben sie volkstümlich, und das ist eines der großen Verdienste jenes Mannes, der als Vater der Berliner Operette in die Musikgeschichte einging und unter anderem im Apollo-Theater in der Friedrichstraße 218 große Triumphe feierte: Paul Lincke. Am 1. Mai des Jahres 1899 hatte in dem Haus zwischen Koch- und Puttkamer Straße, also im späteren Westteil der Stadt, seine unvergängliche »Frau Luna« Premiere, die burlesk-phantastische Ausstattungsoperette in (zunächst) einem Akt mit vier Bildern. Das Libretto schrieb Heinrich Bolten-Baeckers. Noch Jahre später schwärmte der Komponist von diesem Ereignis: »Eine Premiere im Apollo-Theater war das zu jener Zeit größte gesellschaftliche Ereignis der Hauptstadt. Es flimmerte in den Logen und im Parkett nur so von Dekolletés, Brillanten, weißen Hemdbrüsten, Uniformen. Es war eine tolle Stimmung im Theater, noch bevor der Vorhang aufging.«

Erste Aufführung von Paul Linckes »Frau Luna« am 1. Mai 1899

Lincke führte selbst den Stab, und er gefiel sich im nachtblauen Frack, mit weißen Glacéhandschuhen und hochgezwirbeltem Kaiserschnurrbart. Selbstbewußt beantwortete er die Frage eines Journalisten, ob er die Operette mit genialer Intuition oder mit konzentrierter Kleinarbeit geschaffen habe: »Nee, mit Talent!« Dabei hatten er und sein Librettist von Apollo-Chef Waldmann, der sich im harten Konkurrenzkampfe mit dem neueröffneten Metropol-Theater in der Behrenstraße (heute Komische Oper) sah, die Zeitpistole auf die Brust gesetzt bekommen. Das Metropol kündigte für den ersten Juni die Einakter-Premiere für »Berlin lacht« an. In der berechtigten Befürchtung, Publikum und damit Einnahmen zu verlieren, trieb Waldmann seine beiden Stars, bis zum 1. Mai mit »Frau Luna« fertig zu werden. Dabei war Paul Lincke erst im Februar aus Paris zurückgekehrt, wo er als Gastdirigent bei den berühmten Folies-Bergères gewirkt hatte. Es verblieben runde drei Wochen Probe-

DAS APOLLO-THEATER 143

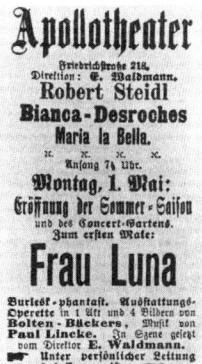

zeit. So wird verständlich, daß Lincke und Bolten-Baeckers in manchem auf ihre weniger erfolgreiche Operette »Venus auf Erden« zurückgriffen, etliches abwandelten und in der Friedrichstraße 218 zu einem großen Triumphe führten. Die Venus auf Erden war und blieb vergessen, es lebte und lebt die Frau Luna auf dem Mond.

»Das Apollo-Theater hat mit seiner Sommeroperette ›Frau Luna‹ einen durchschlagenden Erfolg errungen«, schrieb der Rezensent der National-Zeitung. Er rühmte die flotte und melodienreiche Musik des Hauskomponisten und Kapellmeisters Paul Lincke. »Was den von Bolten-Baeckers verfaßten Text angeht, so sei wenigstens so viel davon angedeutet, daß die Handlung auf dem Monde spielt, wohin ein paar unternehmungslustige Berliner mittels eines Luftballons geraten sind.« Der »Vorwärts« sagte voraus, daß »Frau Luna« bald von jedem Leierkasten tönen und damit den Gipfel volkstümlicher Berühmtheit erreichen würde. Was auch eintraf.

Nicht weniger als 600mal lief das Stück im Haus Friedrichstraße 218. Das erfreute den Direktor so sehr, daß er flugs -zig Erinnerungskarten mit seinem Porträt im Mittelpunkt drucken ließ. Komponist und Librettist waren darauf klein abgebildet und kaum zu sehen.

Lassen wir den reifen Paul Lincke selbst zu seinem Frühwerk hören: »Mit meiner ›Frau Luna‹ brachte ich flotte Rhythmen als echtes Berliner Element auf die Bühne, etwas vom kecken Berliner Unternehmungsgeist... Man muß jedoch nicht annehmen, dieses Berlinische in ›Frau Luna‹ sei Ergebnis langen Nachdenkens oder gar einer Spekulation gewesen. Im Gegenteil, ich habe meine Melodien immer so niedergeschrieben, wie sie mir eingegeben wurden. Daß aus ihnen die Berliner Operette entstand, hat seinen Grund wohl nicht zuletzt darin, daß ich mit Leib und Seele Berliner bin.«

Vergessen wollen wir nicht, daß Linke mit seinem Glühwürmchenlied einen, sagen wir's neuzeitlich, Super-Hit schuf. Es brachte Freude in die Herzen und ihm ein Vermögen ein. Mit den Glühwürmchen verherrlichte er übrigens das elektrische Licht, das in jenen Jahren aufkam und auch Furore an der Friedrichstraße machte. Der Mädchenchor, der das Lied mit der einschmeichelnden Weise sang, saß auf riesigen Schaukeln, die bis über die

Titelblatt eines Klavierauszugs von »Frau Luna«

Zuschauerreihen schwangen. Sobald der Refrain erklang, verlöschte alles Licht, und Hunderte bunter Glühlampen, die Glühwürmchen, leuchteten auf, woran unsere Altvorderen ihre wahre Freude hatten.

Viel mehr blieb von dieser Operette nach dem klassischen Aristophanes-Stoff auch nicht übrig. Ähnlich erging es Lincke, der übrigens im Haus Friedrichstraße 216 wohnte, mit seiner »Berliner Luft«. Sie erlebte am 28. April 1904 im Apollo-Theater ihre Uraufführung. Diesmal zündeten zwei Linckesche Genieblitze, und der Rest verblaßte im Laufe der Zeit: der bis heute eingängige Marsch »Das macht die Berliner Luft, Luft, Luft« und das einschmeichelnde »Schenk mir doch ein kleines bißchen Liebe«.

Im Sommer 1905 verließ Paul Lincke das Apollo-Theater. In zwölf Spielzeiten hatte er es zur Geburtsstätte der Berliner Operette gemacht.

Das Haus in der Friedrichstraße 218 war im Jahre 1884 erbaut worden und lud zunächst als Etablissement Flora ein. Nach dem Umbau im Jahre 1890 trug es den Namen Concordia-Theater, bis es die Kompagnons Baron und Dorn übernahmen, die mit Ballettaufführungen eine Marktlücke glaubten schließen zu können und die Bühne in Apollo-Theater umtauften. Sie hatten sich verspekuliert und nach einer Spielzeit die Nase voll. Der nächste Eigentümer hieß nicht nur Glück, sondern hatte auch welches: Er engagierte einen gewissen Herrn Lincke als Kapellmeister.

Paul Lincke (1866-1946)

In das Theater führte eine vier Meter breite Halle quer durchs Vorderhaus und an einem Garten vorbei. Das Foyer mündete unmittelbar in den Zuschauerraum, so daß Zuspätkommende gleich in der Halle abgefangen werden konnten. 1400 Besucher fanden im ansprechenden Zuschauerraum Platz. Vor und nach Lincke standen vornehmlich Revuen im Programm, und zwar in der heiter stimmenden Mischung: Akrobatik, Clownerien und Gesangstheater.

Ein Stück hieß »Rund um den Neptunbrunnen«. Das erste Bild zeigt den berühmten Begas-Brunnen. Wasser rauscht, ein Polizist patrouilliert, mehrere Liebespaare gehen eng umschlungen auf und ab und singen eifrig Duette und Quartette. Plötzlich ein Erschrecken: Hat sich

DAS APOLLO-THEATER 145

Häusertelegramm Nr. 17 (erhalten)

Architekt Gutschow errichtete das monumentale Gebäude im Jahre 1895, das die Goldinschrift »Salve« trägt.

nicht der Neptun bewegt? Natürlich hat er, die Brunnenmädchen nicht minder. Der Mann mit dem Dreizack steigt herab, singt ein Couplet, die Mädchen, schön anzusehen, stimmen im Chor ein. Alles ist froh, und man beschließt – damit das Stück mehrere Bilder haben kann –, einen Berlin-Bummel zu machen. So erlebt das Publikum den Neptun mit Gefolge bei Laubenpiepers zum Erntefest, beim Spaziergang unter den Linden, in einer schlimmen Kneipe und so weiter. Ganz zum Schluß, das Ende der Geisterstunde naht, sollen er und die leichtgeschürzten Mädchen zurück auf die Brunnenschale. Ob des Schwipses, den Neptun nun hat, will es nicht so recht gelingen, klappt dann aber doch. Der Polizist patrouilliert wieder, die Liebespaare schmusen, und der Mond geht unter – Tusch, Vorhang, nicht endenwollender Beifall.

Ähnliche Revuen konnten die Berliner auch im wenige Minuten entfernt gelegenen »Lustspielhaus« erleben. Direktor Martin Zickel, stadtbekannt wegen seiner unglücklichen Lieben, hatte es etliche Male mit ernsthaften Stücken probiert, doch als es nicht genügend in der Kasse klingelte, schwor er öffentlich: »In mein Theater kommt mir nie wieder Literatur hinein.« Er blieb seinem Schwur treu.

Das Jahr 1869 hatte Berlin eine wesentlich freizügigere Gewerbe-Ordnung gebracht. Sie gestattete jedermann, ein Theater zu eröffnen, ob es nun den Namen verdiente oder nicht. Versteht sich, daß Gastwirte eine Chance witterten, ihren Umsatz zu erhöhen. Sie gestalteten Säle ihrer Etablissements um und offerierten das »Theater um die Ecke«. So rasch, wie viele entstanden, verschwanden sie auch wieder. Manche vegetierten nur ein paar Wochen vor sich hin. Ein ganzes Jahr aber hielt sich im nördlichen Teil der Friedrichstraße das Tonhallen-Theater. 1870 verkaufte es als Varieté seine Billets. 1873 wagte Direktor Rosseck den Sprung zurück zum Schauspiel und zum Ballett. Er landete auf dem Bauch und kehrte reumütig zum Tingeltangel zurück.

Eben an jener Stelle, an der sich später das Central-Hotel mit dem berühmten Wintergarten erhob, feierten die Berliner im Jahre 1876 Premiere im Thalia-Theater. Direktor Eduard Lortzing verpflichtete unter anderem Marie Geistinger als seriöse Schauspielerin. Das Publikum reagierte unzufrieden. Ebenso aber auch auf Lustspiele und Operetten, obwohl geschätzte Schauspielerinnen wie Martha und Franziska Kopka sowie Betty Damhofer auf der Bühne wirbelten. Schon 1877 setzte sich der Pleitegeier auf das Dach des Thalia-Theaters.

Erwähnen wir noch das neubarocke Gebäude, das die Architekten Biberfeld, Lachman und Zauber an jener Stelle errichten ließen, wo sich heute unansehnliche Ausstellungs-Pavillons befinden, direkt am Ufer der Spree. Es hieß zunächst Theater an der Weidendammer Brücke und hatte 1 250 Plätze. Es wurden Ausstattungsoperetten von James Klein aufgeführt. Die Berliner bewunderten hier einen jungen Mimen mit dem Namen Hans Albers, der sich gern mit jungen hübschen Frauen umgab und gelegentlich vom Kronleuchter hinab in ein Wasserbassin sprang. 1930 führte das Theater auch Brechts »Jasager« auf.

Es ist traurig, dieses Kapitel ebenfalls mit dem Satz schließen zu müssen: Von alledem ließ der zweite Weltkrieg nichts übrig. Auch nichts vom Lustspielhaus nahe dem Halleschen Tor.

Häusertelegramm Nr. 234

Im sozialen Wohnungsbau ist vorgesehen, das Projekt Torhaus Friedrichstraße mit insgesamt neun Mietwohnungen entstehen zu lassen. Allerdings stagniert das Vorhaben der Internationalen Bauausstellung 1987, dem Jahr der 750-Jahr-Feier Berlins.

Rififi, Rennpferde und »kesse Jungs« oder: Von Restaurants, Cafés, Weinstuben und Kaschemmen

Nicht allein ungezählte Geschäfte und Salons, jeglicher Art und für jeden Geldbeutel, machten die Friedrichstraße vor allem dieses Jahrhunderts zu einer beliebten Einkaufs- und Flanierstraße. Ihre Gaststätten zogen Berliner wie Fremde gleichermaßen an.

Der neue allgemeine Wohnungsanzeiger von 1835 verzeichnete immerhin 74 Restaurateurs beziehungsweise Restaurationen, von denen lediglich eins aus der Friedrichstraße, das Caffeehaus Ostermann in der Nummer 83 an der Ecke Rosmarinstraße, erwähnenswert befunden wurde. Man speiste nach Karte oder nach rechtzeitig abgegebener Bestellung und ließ sich »sowohl die vaterländischen, als auch alle möglichen fremden Weine und von der verschiedensten Qualität« kredenzen.

Der Krieg gegen Österreich 1866 brachte Not auch nach Berlin. Sie veranlaßte Lina Morgenstern, ein Komitee zu gründen, das über Volksküchen den Bedürftigen der Stadt helfen wollte. Eine dieser Samariterstellen ist am 2. April 1868 in der Friedrichstraße 9 – nahe dem Belle-Alliance-Platz – eröffnet worden. Sie lag im Keller des Hauses und hatte getrennte Eßräume für Frauen und Männer. Die Speisen – zumeist dickgekochtes Gemüse mit Fleisch, also Eintopf – wurden zum Selbstkostenpreis abgegeben. »Auch die Königin wandte den Volksküchen ihre Teilnahme zu«, heißt es in einer damaligen Schilderung. Sie »übernahm das Protektorat und sprach die Absicht aus, zur Prämierung von Köchinnen usw., welche den Volksküchen drei Jahre ununterbrochen gedient haben, einen Fonds zu stiften«.

Schräg gegenüber, in der Friedrichstraße 231, beköstigte das Restaurant Beyer sommers in schattigem Garten seine Gäste zum Mittagstisch zwischen 13 und 17 Uhr mit vier bis fünf Gängen. Die Preise lagen zwischen 1,50 und 2 Mark. Dazu trank man bayerisches Bier, das Seidel zu 30 Pfennig. Tips für Fremde: »An Trinkgeld gibt man 10 bis 20 Pfennig.«

Apropos echtes bayerisches Bier: Das zischte auch in den Restaurationen Siechen an der Ecke Jägerstraße (heute Otto-Nuschke-Straße) zum gleichen Preis je Seidel und bei Olbrich in der Friedrichstraße 83, nahe den Linden. Letzteres hatte unter den Gästen viele Offiziere und wurde »von Damen wegen des starken Tabakqualmes nie

Die Friedrichstraße im Winter 1946/47

Ausschank der Adler-Brauerei in der Friedrichstraße Nr. 208, 1888

besucht«. Frühstücken ging man beispielsweise ins Café Zur Kaiserkirche an der Ecke Carlstraße, die heute Reinhardtstraße heißt.

In den zwanziger und dreißiger Jahren unseres Jahrhunderts stand die Friedrichstraße im nahezu weltweiten Ruf, eine der aufregendsten Amüsiermeilen zu sein – wie immer man das sehen mochte. Unmöglich ist es, in diesem Buch allen Weinrestaurants, Bierpalästen, Cafés, Dielen, Bars, Likörstuben allein in der Friedrichstraße die gebührende Aufmerksamkeit zu schenken.

Die meisten Wein- und Bierrestaurants servierten zwischen 12 und 16 Uhr Gedecke zu festen Preisen, manche Weinrestaurants auch zum Abendessen. »Für den Besuch der Weinrestaurants ersten Ranges, die entsprechende Preise haben, ist abends (Tafelmusik) Gesellschaftsanzug erwünscht«, informiert ein Guide. »Im übrigen ist der Verkehr ungezwungen; vor den Bierrestaurants hängt in der Regel die Speisekarte aus.«

Feine Unterschiede waren bei den Cafés zu beachten. Neben großen Cafés (mit und ohne »Diele«) mit Nachmittags- und Abendkonzert existierten bescheidenere Cafés mit »Künstlerkonzerten« (es geigten nicht unbedingt Philharmoniker), Cafés mit Kleinkunst- und Varieté-Vorführungen und Konditorei-Cafés. Damen ohne männliche Begleitung wurde abgeraten, die meisten Cafés und Konditoreien nach 20 Uhr zu betreten!

Offensichtlich ging es nicht nur in einschlägigen Destillen Richtung Oranienburger Tor oder in der Nähe des Halleschen Tores recht deftig zu. Klimperten rechts und links vom Tresen animierend und einladend große Augen, taten es im Hinterzimmer die Münzen beim heimlichen Kartenspiel oder beim Rollen der Würfel. Mitglieder von Ringvereinen baldowerten das nächste Rififi aus oder überlegten, wie sie Panzerschrank-Ede einen Rosinenkuchen mit eingebackener Feile in den »Ochsenkopf« – wie das Gefängnis im Ganovenjargon hieß – schmuggeln konnten.

Wer Fritz Langs berühmten Film »M – eine Stadt sucht einen Mörder« gesehen hat, ahnt, wie es in solchen verräucherten Hinterzimmern zugegangen sein mochte.

Dr. Magnus Hirschfeld kannte einen Rechtsanwalt, »der, wenn er abends sein Bureau im Potsdamer Viertel oder eine Gesellschaft seiner Kreise verlassen hatte, seine Stammkneipe im südlichen Teil der Friedrichstraße aufsuchte, eine Kaschemme, in der er mit dem Revolverheini, dem Schlächterhermann, dem Amerikafranzl, dem tollen Hunde und anderen Berliner Apachen die halben Nächte spielend, trinkend und lärmend verbrachte. Die rohe Natur dieser Verbrecher schien auf ihn eine unwiderstehliche Anziehungskraft auszuüben.«

Mancherlei Schilder an Kneipenwänden in der Friedrichstraße hatten ihre eigene Sprache. Die Aufforderung, auf die Garderobe selbst zu achten, gehört zu den harmlosen, uns noch vertrauten. Verdutzter schauten wir sicherlich bei der Mahnung drein, unsere Finger freundli-

Der stramme Hund – Kneipe in der Friedrichstraße

cherweise nur an die eigene Brieftasche zu legen. Andere Schilder untersagten Damen ab 23 Uhr den Zutritt. Man bedenke: Damen nach 23 Uhr in einer Kneipe!

Oder waren damit vielleicht die – wie ein Zeitgenosse schrieb – Rennpferde gemeint, die nicht nur bei Dunkelheit die Friedrichstraße auf und ab trabten? Sie lieferten in schöner Regelmäßigkeit den »kessen Jungs« einen beträchtlichen – sagen wir – Gewinn ab. Das taten sie beispielsweise am Oranienburger Tor im Café mit dem beziehungsreichen Namen »Greif«. Interessanterweise gehörten hier Lebemänner zu den Gästen, die ansonsten im mittleren Teil der Friedrichstraße zu dinieren pflegten.

Direkt am Bahnhof Friedrichstraße warb ein Kneipier mit dem Spruch um Kunden: »Hier gibt es ein kleines Verhältnis für zehn Pfennig«. Wenn nun ein verschlafener Provinzler lüsternen Auges und mit dem Gedanken ins Lokal stürmte, so billig bekommst du das nie, und seinen Groschen auf's Büfett knallte, dann sah er sich binnen kurzer Zeit in der Tat einer kühlen Blonden gegenüber, zu der allerdings ein Kurzer gehörte: ein Bier mit einem Korn.

Es muß sicherlich nicht besonders hervorgehoben werden, daß vor allem Droschkenkutscher und Gepäckträger zum »Stamm« der »Zylinder-Destille« gehörten. Inhaber Neumann verblüffte seine Kunden, weil er Tag und Nacht hintern Tresen stand und nie zu schlafen schien.

Wer keinen Appetit auf Neumanns »kleines Verhältnis« und seine stadtbekannten Bratwürste hatte, der stiefelte zu Müllers Eisbeinkeller in der Friedrich-Ecke Behrenstraße und genehmigte sich die Spezialität des Hauses. Die Wirtin mochte gewisse Raucher nicht, was

---

Bier-Restaurant
„Zum Heidelberger"
Eingang Friedrichstr. Central-Hôtel Eingang Dorotheenstr.
Pschorrbräu. • Original Pilsener Bier.
☞ Feinste Küche zu mässigen Preisen. ☜
Nach Schluss der Wintergarten-Vorstellung direkter Eingang vom Vestibül des Wintergartens Dorotheenstrasse.
Club- und Vereinszimmer.

Häusertelegramm Nr. 59/60 (nicht erhalten)

Nach Plänen des Architekten Carl Schäfer schuf sich die New Yorker Lebensversicherungsgesellschaft »Equitable« an der Friedrich- Ecke Leipziger Straße ein überaus prunkvolles Geschäftshaus aus Marmor und Bronze. Das Bauwerk trug Obelisken und Säulen aus grünem und rotem polierten Marmor sowie Laubornamente aus vergoldeter Bronze. Eckkuppel und Laternendach sowie Rippen und Bänder waren vergoldet. In dem Haus wohnte der Arzt, Publizist und Herausgeber Dr. Adolf Klein, der unter anderem die »Deutschen Frauenblätter«, »Das Rothe Kreuz« und die »Berliner Eisenbahn-Zeitung« herausgab. Ein Büro zur Bekämpfung der Bestrebungen auf dem Gebiete des unlauteren Wettbewerbs unterhielt Rechtsanwalt Johannes Carl Güterbock.

sie mit dem Schild kundtat: »Zigaretten rauchen ist in meinem Lokal streng verboten!« Daraufhin schmokten die Gäste ihr Pfeifchen, was gestattet war.

Im Café Kerkau in der Friedrich-Ecke Leipziger Straße trafen sich all jene, die gut mit dem Queue umgehen konnten. In zwei Etagen warteten nicht weniger als 48 Billards auf gekonnte Karambolagen. Weltmeister Kerkau gab seinen Gästen die Ehre, täglich mit ihm einige Partien spielen zu dürfen.

Dieser Kerkau hatte ein überragendes Talent für den Sport auf dem grünen Tisch und war per Zufall – anläßlich eines sonntäglichen Spieles – darauf gekommen. Dank eines recht rasch errungenen Weltmeister-Titels flossen ihm Sympathie und nicht wenig Geld zu. Er wurde Teilhaber der Kerkau-Palast-Gesellschaft, etablierte sich in der Friedrichstraße und lebte nur noch für sein geliebtes Billard. Gewissermaßen zwischen zwei Partien hörte er im Jahre 1914, daß er inzwischen Millionär sei. Etliche Jahre darauf mußte er – gleichfalls beim Billardspiel – zur Kenntnis nehmen, daß die Inflation auch ihn arm gemacht hatte und er nichts mehr besaß. Mit Privatunterricht im Billard hielt er sich bis zu seinem Tode über Wasser.

Legenden ranken sich um die Kneipen der Herren Aschinger. Die Gebrüder waren in den neunziger Jahren des vorigen Jahrhunderts aus dem Württembergischen nach Berlin gekommen und ließen ihre Bierquellen eifrig sprudeln. Einige von ihnen taten es in der Friedrichstraße 79a, 97 und 191. Heute noch bekannt ist die Werbeidee von Aschinger, daß jedermann so viele Brötchen umsonst essen konnte, wie er mochte oder vertrug. Allerdings unter der Bedingung, daß er sich ein Glas Bier kaufte.

Gewitzte Studenten aus weniger begütertem Elternhause nutzten Aschinger als Mensa. Einer von ihnen trieb es gar zu bunt. Er stellte sich hinter ein halbleeres Bierglas, das ein eiliger Gast stehengelassen hatte, und futterte munter drauf los. Da es so gut ging, setzte er an den nächsten Tagen die gleiche Praxis fort. Bis es einer der Brüder Aschinger doch bemerkte und den Studiosus aufforderte: »Hören Sie mal, wenn Sie wieder ein Glas Bier trinken wollen, dann gehen Sie lieber gleich in einen Bäckerladen!«

Zu jener Zeit fand in einer der Friedrichstraßen-Quellen von Aschinger ein legendärer Wettbewerb statt. Zwei Mitglieder eines Rudervereins hatten gewettet, wer die meisten Brötchen vertilgen könne. Drei Stunden währte das Essen und Würgen, die Gesichter der Kellner wurden dabei immer länger. Der Sieger hatte schließlich 37 Brötchen im Körper, der Verlierer immerhin 29. Vor lauter Begeisterung hatte auch der Schiedsrichter kräftig zugelangt und 23 Schrippen verdrückt. Sein Kompagnon kam dagegen nur auf 18.

Der Grafiker George Grosz bekannte in seiner Autobiographie: »Aschinger war eine Wohltat für hungrige Künstler.« Wer knapp bei Kasse war, konnte jederzeit bei Aschinger seinen Hunger stillen. »Man bestellte einen Teller Erbsensuppe, der kostete 30 Pfennig und war kein Teller sondern eine Terrine. Die Hauptsache aber war: man konnte dazu soviel Brot und Brötchen haben, wie man wollte. War der Brotkorb auf dem Tisch leer, so kam der Kellner von selbst und füllte nach... Was in unseren Taschen verschwand, wurde nicht beanstandet, man durfte es nur nicht so auffällig machen.«

Die Küchen und Restaurants im nördlichen und südlichen Bereich der Friedrichstraße stellten sich auf den Geschmack und die mageren Geldbörsen ihrer Kunden ein. Neben der berühmt-berüchtigten Bockwurst liebt der Berliner vor allem seine Boulette. Weil über ihre Zubereitung damals schon derbe Späße gemacht wurden, teilten manche Friedrichstraßen-Wirte ihren Gästen unverhohlen mit:

An meene Bulette is nich zu tippen,
wo keen Fleisch nich is, da sind de Schrippen!

Zur Bulette gehörte selbstverständlich ein großer Klacks Senf. Ein Stück Salzgurke rundete das bescheidene Mahl ab. Wer etwas mehr Geld im Beutel hatte, bestellte sich etwa in der Saalburg an der Friedrich Ecke Mittelstraße oder im Pschorrbräu in der 165 (Ecke Behrenstraße) einen Hackbraten, von dem die Berliner sagten: »Wenn man nich weeß, wat det is, wat uff de Speisekarte steht, denn isset falscher Hase.« Begehrten sie Klopse, hatten sie für den Koch parat: »Die Hauptsache bei sie sind die Bollen, ohne die hat die Soße keen

Häusertelegramm
Nr. 80 (nicht erhalten)
Hans Grisebach schmückte das Bierhaus Gambrinus mit einer Fassade aus rötlichem Sandstein, ornamentalen Füllungen auf Goldgrund und einem schmiedeeisernen Balkon. Um die Jahrhundertwende wandelte sich der Gambrinus in das Weinhaus »Zum Rüdesheimer«. Manche meinten, der Ausbau in einem zum Rokoko neigenden Barock sei denn doch zu aufdringlich.

Akademische Bierhallen
Oekonom: RICH. THALER
Dorotheenstraße
Ecke Charlottenstraße
(am Bahnhof Friedrichstraße)
Gute Küche
Weine u. Liköre, Kaffee, echte Biere
Vereins- und Klubzimmer.

Die Friedrichstraße in der Literatur:

Hans Fallada (1893–1947)

Pinneberg rennt nun schon zum viertenmal das Stück Friedrichstraße zwischen der Leipziger und den Linden auf und ab. Er kann noch nicht nach Haus, er kann es einfach nicht. Wenn er zu Haus ist, ist wieder alles zu Ende, das Leben glimmt und schwelt hoffnungslos weiter, hier kann doch etwas geschehen! (...) »Hau ab, Mensch!« sagt der Schupo. »Mach ein bißchen dalli!« Und Pinneberg setzt sich in Bewegung, er trabt an der Kante des Bürgersteiges auf dem Fahrdamm entlang... Pinneberg kommt an die Stelle, wo die Jägerstraße die Friedrichstraße kreuzt. Er will über die Kreuzung fort, zum Bahnhof... Der Schupo gibt ihm einen Stoß. »Da lang, Mensch!« Er zeigt in die Jägerstraße. Noch einmal will Pinneberg meutern, er muß doch zu seinem Zug. (...) »Da lang, sage ich«, wiederholt der Schupo und schiebt ihn in die Jägerstraße. »Hau ab, aber ein bißchen fix, alter Junge!« und er gibt Pinneberg einen kräftigen Stoß.

(Aus: Kleiner Mann – was nun?, 1932)

Effeeh.« Nicht vergessen seien noch das Eisbein mit Sauerkraut und Erbspüree, das nach wie vor hoch in der Gunst der Berliner steht, und der Hackepeter, der so gut zum kühlen Bier paßt.

Ein Wort zur Bockwurst: Wenn die Schlemmerlegende stimmt, dann hat Fleischermeister Löwenthal aus der

Aschinger in der Friedrichstraße

Friedrichstraße im Ausgang des vorigen Jahrhunderts diese Berliner Lukullus-Spezialität als erster fabriziert. Sein Gastwirt-Freund Richard Scholz bestellte sie als »Unterlage« für den Bockbiertisch, und im Nu hatte die Wurst ihren Namen weg. Seitdem mundet sie bei allen passenden und unpassenden Gelegenheiten, schwimmt sie in Erbsensuppe, ziert sie Kartoffelsalat oder ißt man sie aus der Faust an einer der Würstchenbuden.

Hoch in der Gunst stiegen die Bierpaläste, die in den zwanziger und dreißiger Jahren aus dem Boden schossen, nicht nur bei Herrn Jedermann, sondern auch bei den unzähligen Vereinen, die ja einen Versammlungsraum brauchten und Gerstensaft, um in Stimmung zu kommen oder bei Stimmung zu bleiben. Nennen wollen wir die Bierpaläste Pschorrbräu an der Ecke Behrenstraße, wo sich heute das Haus der Demokratie befindet, Spatenbräu, nicht weit entfernt in der Nummer 172, Tucherbräu an der Ecke Jägerstraße (heute: Otto-Nuschke-Straße) und Patzenhofer an der Ecke Taubenstraße (jetzt: Johannes-Dieckmann-Straße). Ein einziges Restaurant blieb dem »Nationalgetränk« der Berliner vorbehalten, dem Weißbier. Es empfing seine Kunden in der Friedrichstraße 83 nahe den Linden auf dem Hinterhof und hieß »Weißes Meer«.

Bei der bisher geschilderten Völlerei taucht sicherlich die Frage auf, ob es sich in der Straße unserer Betrachtung auch gesund leben ließ. Ja, man konnte vegetarische und alkoholfreie Restaurants in der Friedrichstraße 21, 151 und 160 aufsuchen. Über den Umsatz ist leider nichts überliefert.

Aschinger in der Friedrichstr. 191-193, 1929

Beim Schoppen Wein und beim Likörchen

Christian Samuel Gerold gründete im Jahre 1804 an der Kreuzung Friedrichstraße/Unter den Linden an jener Stelle, an der sich später das Café Kranzler etablierte, eine sogenannte Italienerwarenhandlung mit einer Wein- und Probierstube. In seinem Kauf- und Trinkgeschäft kamen Berliner Feinschmecker auf ihre Kosten. Einer Notiz in der »Berliner Zeitung« ist zu entnehmen, was Gerold seinen Kunden offerierte: »Die mit gestriger Post angekommenen Austern waren holländische, auch empfing ich heute die ersten echten Strasbourger Pasteten von Gänselebern, französische grüne Erbsen und grüne Bohnen in Bouteillen, auch erlaube ich mir von dem vortrefflichen 1815er Gewächs aus Bordeaux, Haut Barsac, Preignac, Sautern, Chateau Margeaux und Lasitte (wovon die meisten Sorten noch ihre Milde haben) als Dessert-Weine zu empfehlen... sämmtliche genannte Sorten von 1 $1/3$ bis 2 Thlr. à Bouteille, bestens aufwarten... empfing den letzten Transport Teltow Dauerrüben.«

Gerold zog später in ein Nebenhaus, in dem er die erste der beliebten Gerold-Stuben eröffnete. In ihnen saß man auf Holzschemeln und an blankgescheuerten Tischchen und genoß köstlichen Rebensaft. Seine drei Söhne Johann, Christian und Gustav führten nach dem Tode des Vaters die Geschäfte in seinem Sinne weiter, unter anderem auch in der Friedrichstraße 99, 153a und 195. Man saß gut in den Stuben, rauchte die bekannten Gerold-Zigarren und ließ sich beim Schoppen Wein appetitliche Leckerbissen aus vorzüglicher Küche schmecken. Zu den Gästen gehörten neben Lebeleuten auch Künstler und nicht wenige Arbeiter, die sich Gerolds Stuben im Gegensatz zu den plüschigen Cafés wie Kranzler leisten konnten.

Eine weitere Weinhandlung, die des Paul Eggebrecht, befand sich seit Ende des 18. Jahrhunderts in der Friedrichstraße 109. Ob ihres reichhaltigen Angebotes an guten Tropfen und ihrer freundlichen Bedienung erwarb sie sich einen anhaltend guten Ruf. Zu ihren Kunden zählte sie den berühmten Arzt Robert Koch, Industrielle wie Schwarzkopf und Bergmann sowie den Schauspieler Hans Albers. Einer der Kunden schrieb Paul Eggebrecht – die bis ins 14. Jahrhundert nachweisbare Familie Eggebrecht brachte zahlreiche Bürgermeister, Ratsherren, Patrizier und Akademiker hervor – dankbar ins Stammbuch: »Kein besseres Plätzchen gab's in Berlins Weichbild, wo Einfachheit und schlichter biederer Sinn, geeint mit Fröhlichkeit und heiterem Witz, dem müden Wanderer die Labung boten.« Der zweite Weltkrieg zerstörte auch dieses Geschäft.

Bekannt und beliebt bei den Berlinern war auch die Weinhandlung Gruban & Souchay in der Friedrichstraße 84. Die Geschäftsgründung der beiden Weinhändler geht auf das Jahr 1846 zurück. Ihr Bestreben war es, den Verkauf des köstlichen Rebensaftes durch eine gediegene Atmosphäre zu einem besonderen Erlebnis werden zu lassen. Dazu trugen kostbare Kunstwerke bei, die ihr Geschäft schmückten. Ihre ausgedehnten Weinlager befanden sich in Gewölben an der Frankfurter Straße. Später ergänzten sie ihr Angebot durch Fruchtsäfte.

Der Weinkarte Gruban & Souchay sind diese beiden Verse entnommen, mit denen wir unseren Besuch bei den Weinhändlern in der Friedrichstraße beschließen:

> Die liebste Buhle, die ich han,
> die liegt beim Wirt im Keller.
> Sie hat ein hölzern Röcklein an
> und nennt sich Muskateller.

Zur gemütlichen Weinstube!
Riedels Weinstuben
Gute Weine!
Glasweiser Ausschank!
Ziegelstraße 1
(an der Friedrichstraße)

Und:

Wenn du noch einen Onkel hast,
und der hat gute Weine,
so mach dich nicht bei ihm verhaßt,
sonst trinkt er sie alleine.

Keck schmieden wir den Vers um, damit er zum nächsten Gläschen paßt:

Wenn Du noch eine Tante hast,
und die hat gute Liköre,
so mach dich nicht bei ihr verhaßt,
sonst trinkt sie sie allein, die Göre.

Auf also in eine der – kaum zu glauben – elf Likörstuben in der Friedrichstraße, von denen nicht eine einzige geblieben ist. Sie alle lagen in dem vergleichsweise kleinen Abschnitt zwischen Dorotheen- (heute: Clara-Zetkin-Straße) und Leipziger Straße. Mampe offerierte seine Guten Stuben in den Nummern 169 und 185 sowie seine Neue Stube in der Nummer 171. Erven Lucas Bols schenkte in der Nummer 169 holländische Liköre aus. Angeführt sei noch die Likörstube von Kahlbaum, nahe der Behrenstraße, weil heute noch eine Kahlbaum-Probier-Stube in der Mauerstraße, kurz vor dem ehemaligen Checkpoint Charlie, zum Besuch einlädt.

Eine Weinprobierstube in der Friedrichstraße, um 1925

Dem Verfasser sentimentaler Kitschromane, wie »Edelweißkönig« und »Waldrausch«, Ludwig Ganghofer also, blieb es vorbehalten, in den siebziger Jahren des vorigen Jahrhunderts die Friedrichstraße von einer hier bislang noch nicht beschriebenen Seite kennenzulernen. Er war als Studiosus nach Berlin gekommen und suchte eine preiswerte Unterkunft. Irgendwer muß ihm den Tip Friedrichstraße gegeben haben. Als er in einem Hause mit einer Frau »im Morgenrock, sehr schön frisiert« provinziell über den Preis für ein Mansardenzimmer feilschte, irritierte Ganghofer zunächst das unverschämte Grinsen von Dienstleuten. In der unruhigen, von häufigem Türklappen durchbrochenen Nacht wurde ihm jäh bewußt, wohin er geraten war: in ein – sagen wir – Bienenhaus mit nicht nur einer Königin. Wie verlautet, verließ der junge Student fluchtartig die Stätte süßen Lebens.

Der fatale Irrtum des Ludwig Ganghofer oder: Wie leicht sind leichte Mädchen?

Eines solcher Häuser, die Ludwig Ganghofer beinahe zum Verhängnis geworden wären, stand zu Beginn des vorigen Jahrhunderts in der Friedrichstraße 63 zwischen Mohren- und Kronenstraße. Dieser Tempel der Unkeuschheit hieß im Volksmund nichtssagend das Bernhardsche Haus. »Weder vor noch nach jener Zeit hat jenes Haus seinesgleichen in Berlin gefunden, und daher war es nicht nur unter hiesigen Einwohnern bekannt, sondern sein Renommée ging sogar weit hinaus über die Grenzen der Mark«, heißt es in einem alten Buche. »Kein Fremder von Distinktion verließ die Hauptstadt, ohne einen Besuch im Bernhardschen Hause abgestattet zu haben... Überhaupt waren die Pforten dieses Hauses nur den Wohlhabenden geöffnet.«

1806 besetzte Napoleon mit seinen Truppen das bänglich zitternde Berlin. Es wird berichtet, daß es den Korsen nach einer unterhaltsamen Nacht gelüstete. Er schickte einen Offizier zur Madame Bernhard, der die Bedingungen des Besuches aushandelte (das ganze Haus hatte frei von anderen Gästen zu sein, es war strengstes Inkognito zu wahren) und der ihr eine schwere Rolle von Goldstücken überbrachte. »Die Turmuhren der Residenz verkündeten bereits die Mitternachtsstunde, die Straßen waren schon verödet, als an der Klingel des Hauses gezogen wurde. Der Pförtner öffnete und ließ auf das verabre-

Das Bernhardsche Haus in der Friedrichstraße

dete Zeichen vier Männer ein. Zwei derselben waren in reicher Offizierskleidung, der dritte war ein kleiner Mann in Uniform. Den Beschluß machte eine hohe athletische Gestalt in der prächtigen Tracht eines Mamelucken.« Nach vergnügter Nacht, in der feuriger Champagner in Strömen floß, verließen die vier Männer, tief in Mäntel gehüllt, das Haus.

Am nächsten Morgen sprach ganz Berlin davon, daß Napoleon im galanten Haus der Madame Bernhard gewesen. Etliche Jahre später – Ende der dreißiger Jahre – verschwand auf Anordnung allerhöchster Stellen das Bernhardsche Haus.

»Friedrichstraße. Das war einmal das Zentrum der berlinischen Sündhaftigkeit«, schrieb in den zwanziger Jahren unseres Jahrhunderts der Schriftsteller Franz Hessel. »Das schmale Trottoir war mit einem Teppich aus Licht belegt, auf dem sich die gefährlichen Mädchen wie auf Seide bewegten. Der Mode gemäß hatte ihr aufrechter Gang etwas Feierliches, das grausam persifliert wurde, wenn sie den Mund aufmachten, um sich im städtischen Idiom zu äußern... Der sündhafte Glanz ihres falschen Schmuckes und echten Elends, all die naheliegenden Kontraste, mit denen damals junge Phantasie arbeiten konnte beim Anblick dieser schimmernden Feen im Federhut der Fürstin – Bild und Begriff von alledem ist nun längst historisch geworden. Und in der heutigen Friedrichstraße gespenstert wenig von dieser Vergangenheit.«

George Grosz sah sie noch, wie seine Zeichnungen belegen. Was er zu Papier brachte, lebte in der Friedrichstraße ein kümmerliches oder aufdringliches Leben. »In der Friedrichstraße wimmelte es von Huren«, beschrieb er die Zeit vor dem ersten Weltkrieg. Sie hätten in den Hauseingängen wie Schildwachen gestanden und stereotypes »Kleiner, kommste mit?« geflüstert. »Es war die Zeit der großen Federhüte, der Federboas und des hochgeschnürten Busens. Die hin und her geschwenkte Tasche war das Abzeichen der Gilde. Das berühmteste Hurencafé war das Café National in der Friedrichstraße.« Wie Grosz bemerkte, besangen viele jüngere Dichter die Hure unter der Laterne, den Zuhälter und allgemein die freie Liebe. Vielen sei sie zur Idealgestalt geworden. Auch das habe an der Zeit gelegen. »Man verehrte Zola, Strindberg, Weininger, Wedekind – naturalistische Aufklärer, anarchistische Selbstquäler, Todesanbeter, Erotomanen. Es war kurz vor dem Kriege.«

Auch Edmund Edel beschrieb die Nacht in der Friedrichstraße: »Und fleißig laufen die Mädchen auf und ab, von der Leipziger Straße bis zu den Linden. Rast machend, sich verschnaufend an der Jägerstraße (später: Otto-Nuschke-Straße): vielleicht kommt ein Gemüt, das,

Die Friedrichstraße in der Literatur:

Carl Zuckmayer (1896–1977)

In meiner Not griff ich begierig zu, als er mir eine – angeblich gute – Verdienstmöglichkeit im Berliner Nachtleben anbot. Ich wurde als sogenannter »Schlepper« für diese Nachtlokale in der Friedrichstadt verwendet, die nach der offiziellen Sperrstunde ungesetzlich in Privatwohnungen betrieben wurden. Ich mußte dort um die Zeit, in der die besseren Lokale gerade geschlossen hatten, zwischen Kranzler-Ecke und Potsdamer Platz, herumstreichen, um solche Herren, die nach Bedarf und Barmitteln ausschauten, anzusprechen und zu den geheimen Luststätten zu geleiten. Man hatte dabei zweierlei zu vermeiden: die Konkurrenz der anderen »Schlepper«, die recht brutal werden konnten, und die Aufmerksamkeit der Polizei. Es gehörte ein großer psychologischer Scharfblick dazu, um die geeigneten Kunden zu erkennen: am besten waren die Herren aus der Provinz, Kaufleute oder Agrarier, manchmal auch Reichstagsabgeordnete, die zu einem kurzen Aufenthalt in Berlin weilten und sich großstädtisch unterhalten wollten.

(Aus: Als wär's ein Stück von mir, 1966)

wie sie, einen Durst spürt... Und Emma flüsterte rasch im Vorübergehen ihrer Freundin aus der Marienstraße ins Ohr: ›Krause kommt!‹ Krause, der Mann mit den Augen des Gesetzes, dem tadellosen Jackettanzug und der ›Marke‹ unter dem Rock. Rette sich wer kann – Arbeitshaus und Keile zu Hause oder im schlimmsten Fall so ein ›Herr‹, der einem womöglich für sein Geld noch Moral predigen und eine Stellung verschaffen will.«

In der gleißenden, schlüpfrigen Nacht der Friedrichstraße blitzten suchende Augen Sehnen und Verlangen und lachten die falschen, geschminkten Lippen.

In seinem Roman »Wolf unter Wölfen« zeichnete Hans Fallada ein keineswegs goldenes Bild der Friedrichstraße in den zwanziger Jahren. »Fast Mann an Mann standen sie an den Hauswänden und auf dem Rande des Gehsteiges: Händler, Bettler, Dirnen... An den Hauswänden saßen, hockten, lagen Bettler, alles Kriegsverletzte, glaubte man den Schildern, die sie trugen. Doch waren so junge darunter, daß sie im Krieg noch zur Schule gegangen sein mußten, und Greise, die sicher schon vor dem Kriege invalide gewesen waren. Blinde plärrten trostlos monoton. Schüttler schüttelten den Kopf oder die Arme, Wunden waren zur Schau gestellt, schreckliche Narben leuchteten feurig aus einem grauen, schuppigen Fleisch.

Friedrichstraße bei Nacht, um 1930

Aber am schlimmsten waren die Mädchen. Überall strichen sie herum, riefen, flüsterten, hängten sich bei jedem ein, liefen mit, lachten. Manche waren schon jetzt angetrunken und alle – wegen Hitze und Geschäft – waren so weit entblößt, daß es kaum erträglich war. Ein Markt von Fleisch – fettem, weißem, von Likören aufgeschwemmt; und hagerem, dunklem, das die scharfen Schnäpse verbrannt zu haben schienen. Aber am schlimmsten waren die völlig Schamlosen, die fast Geschlechtslosen: die Morphinistinnen mit dem scharfen Stecknadelkopf in der Pupille, die Schnupferinnen mit der weißen Nase und die Kokainspritzerinnen mit den Schreistimmen aus hemmungslos zuckenden Gesichtern. Sie wippten umher, sie schlenkerten ihr Fleisch... ihre gierige Augen suchten in der langsam an ihnen vorübertreibenden Menge die Ausländer, in deren Taschen Devisen zu erhoffen waren...«

Eben um Devisen ging es Jahrzehnte später den nachgeborenen Schwestern dieser Lust- und Linnen-Liebchen. Sie hatten allerdings in DDR-Zeiten keinen öffentlichen Strich; denn offiziell durfte diese »Ausgeburt kapitalistischer Menschenverachtung« überhaupt nicht existieren. Die Mädchen offerierten ihre Dienste in Restaurationen der Friedrichstraße und besonders gern in Hotels – ihre gierigen Augen suchten die Ausländer, in deren Taschen Devisen zu erhoffen waren. Und Ausländer waren nach offizieller Lesart und vom Geldbeutel her vor allem die Besucher aus dem anderen Teil der getrennten Stadt, des getrennten Landes. Man kannte die Damen schon, die nicht aus bitterer Not, mehr wohl aus Habgier mit ihrem Wägelchen der Marke »Trabant« zu ihrem Hotel-Jagdgebiet fuhren, ihre »Pappe« abstellten, hier am Röckchen, dort am Löckchen zupften, um im Hotel zu verschwinden und willigen Gästen jeden Wunsch vom Portemonnaie abzulesen.

Nach der Wende wendete sich auch dieses: Das höchst Verborgene blüht nun öffentlich auf einem Strich in der Oranienburger, nahe der Friedrichstraße.

Am Oranienburger Tor begann einst ein übel beleumdetes Viertel, in dem neben kreuzbraven Menschen das Verbrechen zu Hause war. Nährboden bildeten die sozialen Verhältnisse ganz allgemein und konkret das Umfeld

Die Friedrichstraße in der Literatur:

Max Beckmann (1884–1950)

Sonntag d. 10.1.09
Machte den Entwurf zu einer Scene aus der Friedrichstraße, die ich gestern auf dem Nachhauseweg bemerkt und von der mir ähnliches schon lange vorgeschwebt hatte. Männer, die sich nach ein paar Dirnen im Gehen umdrehen. Die Frauen drehen sich ebenfalls nach ihnen um. Die Männer grell von einem Straßenlicht beleuchtet, die Frauen etwas dunkler. Möchte gern etwas von dem Zucken, dem magnetischen Zusammenreißen der Geschlechter hineinbringen: etwas, was mich gerade auf der Straße immer wieder mit Bewunderung über diese immense Pracht der Natur erfüllt.
Es macht gerade in diesem rein mechanischen harten, trostlos offenen Wirken zwischen diesen meist häßlichen und banalen Menschen einen unheimlichen Eindruck, der aber doch wiederum nicht frei ist von einer gewissen Großartigkeit.

(Aus: Leben in Berlin, Tagebuch 1908/1909)

Die Friedrichstraße in der Literatur:

Walter Altmann

Eines Abends nahm mich Trojani mit in ein Lokal in der Friedrichstraße namens Mäusepalast, wo ich die Bekanntschaft von zwei jungen, gutaussehenden Schwestern machte. Nach dem Tanz gestatteten die beiden Schwestern mir, sie nach Hause zu bringen. Vor der Haustür luden sie mich dann noch auf einen Sprung in die Wohnung ein. (...) Diese beiden munteren Gören führten mich ohne viel Federlesens in ihr Zimmer. Ein kahler, ärmlicher Raum, aber ein großes Bett. Die beiden verloren kein unnützes Wort, zogen sich sofort aus, fingerten an mir herum, und schon bald wälzten wir uns zu dritt im Bett. Ich war furchtbar aufgeregt, und mein Herz pochte so stark, daß ich glaubte, zerspringen zu müssen. Es war ein kurzes Spiel in dem dunklen Hinterzimmer, mit hitzigem Schwitzen, hektischen Bewegungen, scheuen Küssen und zaghaftem Sich-wieder-Lösen.

(Aus: Ohne das Lachen zu verlernen, 1977)

mit dunklen, winkligen Straßen und Gassen, mit freudlosen Häusern, schmutzigen Neben- und Hintergebäuden, das fast unentdeckbare Schlupfwinkel aufwies.

In seinem Buch »Berlin bei Nacht« läßt Gustav Rasch seine Leser an einer nächtlichen Razzia in der zweiten Hälfte des vorigen Jahrhunderts »an der Ecke der Friedrichstraße und der Kommunikation, an der früheren Stadtmauer, hart am Oranienburger Tor« teilnehmen. Der Kommissar hoffte, in einer Konditorei, wie er sagte, Bauernfänger festnehmen zu können, die sich ihrer künftigen Opfer erst heuchlerisch annahmen, um sie dann skrupellos auszunehmen. »Gefährliches Gesindel! ... seit den letzten zwanzig Jahren sind sie aus einer Untersuchungshaft und aus einem Zuchthaus in das andere gegangen.«

Zwölf Mann machten sich auf den Weg durch die mitternächtliche Friedrichstraße, eine bewaffnete Mannschaft schloß sich an. An der Friedrichstraße Ecke Kommunikation (Verbindung zur Stadtmauer) verrieten hell erleuchtete Fenster der Konditorei, daß die Bauernfänger noch zugange waren. Die Polizisten besetzten die beiden Ausgänge zur Friedrichstraße und stürzten hinein. Ein halbes Dutzend Personen war anwesend. »Wie durch einen elektrischen Schlag getroffen, sprangen sie sämtlich in die Höhe, als wir in das Lokal drangen, teils erschreckt, teils erstaunt uns anstarrend... Wir drangen in das zweite, in das dritte Zimmer. Überall Gaunerphysiognomien, auf deren Zügen das Gewerbe, womit sie sich beschäftigten, schwer zu verkennen war. Äußerlich waren sie gut, mehrere sogar elegant gekleidet. Im dritten Zimmer befanden sich drei Mädchen, über deren Gewerbe ich auch auf den ersten Blick nicht zweifelhaft sein konnte.«

Zum Glück für die Hüter des Gesetzes blieb ein Kampf aus, die Ganoven ließen sich abführen. Der Kriminalkommissar kannte, wie im »Tatort«, alle. »Jeder ist schon im Gefängnis gewesen, und jeder steht unter polizeilicher Aufsicht. Niemand darf nach acht Uhr seine Wohnung verlassen. Es sind ganz gefährliche Kerle unter ihnen.« Das mindeste, was sie erwartete, mochten wohl vier Wochen Gefängnis sein, weil sie sich zu so später Stunde noch draußen herumtrieben.

»In der nächtlichen Konditorei war es still und leer geworden. Hinter uns erloschen die Gasflammen, und die Tür wurde geschlossen. Langsam bewegte sich der lange Zug durch die stillen Straßen nach dem Molkenmarkt zu.« Dort befand sich die Stadtvogtei.

Erst durch eine solche zeitgenössische Schilderung wird uns Heutigen verständlich, daß – wie oben geschrieben – Damen vor dem Besuch von Konditoreien gewarnt wurden.

Klänge vom Balkan

Schließen wir den Ring und kehren wir in die Gaststätten zurück, in die der Gegenwart. Doch Vorsicht! Nicht, daß sich Verbrecher in den zweiten oder dritten Zimmern verbergen, auch an Bauernfänger damaliger Art ist nicht gedacht, sondern daran, daß sich in Umbruchzeiten mancherlei recht schnell verändert. Wechselten in den frühen Jahrzehnten unseres Jahrhunderts oft die Besitzer der Etablissements und damit deren Namen, so geschieht das jetzt, da diese Zeilen zu Anfang der schnellebigen neunziger Jahre geschrieben werden, beinahe noch häufiger. Was heute noch empfohlen, ist morgen schon vergessen. Die Zeit wird zeigen, was Bestand hat.

Nicht überleben konnte unter anderen ein Hotel nebst Gaststätte, das zunächst unter »Adria«, dann als »Sofia« und schließlich wieder – wie einfallsreich – unter »Adria« im Berliner Telefonbuch verzeichnet war. Das Haus befindet sich in der Friedrichstraße 134, schräg gegenüber dem Friedrichstadt-Palast.

Hotel Adria, 1985

Die Mitarbeiter des Hotels mit Jugendstil-Interieur – es stammt aus dem Jahre 1890 und gehört zu den wenigen, die den Krieg überdauerten – gaben ihrem Haus eine spezielle Note, indem sie den Berlinern bulgarische Gastfreundschaft nahezubringen versuchten. Da spielte schon mal eine bulgarische Kapelle auf und verblüffte mit einem Potpourri von Folklore und Disko-Musik. Im Weinrestaurant in der ersten Etage bedienten Kellner in Nationaltracht und boten Spezialitäten des Balkanlandes an, was in der nicht gerade exotischen Gaststättenlandschaft Ost-Berlins immerhin einen willkommenen Farbtupfer darstellte. Zu den prominenten Gästen des eher kleinen Hotels zählte der sowjetische Geiger Igor Oistrach.

Grimmige Ritter an der City-Klause

Grimmigen Gesichtes schauen sie die Vorübergehenden an, die ihnen zumeist überhaupt keine Aufmerksamkeit schenken. Dabei hätten sie zumindest einen Seitenblick verdient; denn immerhin sind sie als mittelalterliche Gesellen nicht gerade alltäglich in der Großstadt von heute. Von den Rittern in der Friedrichstraße 112 b ist die Rede. Jahraus, jahrein halten sie getreulich Wacht vor der City-Klause.

Warum machen sie eigentlich ein so grimmiges Gesicht? Weil Ritter halt so auszusehen haben? Weil sie nie einer zu einer Molle in die Kneipe einlud? Oder weil sie von so vielen ignoriert werden – sieht man mal von den Hunden ab? Gleichmütig schweigen sie zu allem.

Vielleicht aber stört es sie, daß sie ihrer eigentlichen Schutz- und Trutzfunktion verlustig gingen und nur noch zur Zierde herumstehen müssen. Denn eigentlich hatten sie an Toreinfahrten oder Häuserecken unerbittlich darauf zu achten, daß das Mauerwerk von einfahrenden Fuhrwerken oder abbiegenden Fahrzeugen keinen Schaden nahm.

Ein Hauseigentümer, der solche eisernen Ritter in den Dienst nahm, konnte sich auf sie verlassen. Eher ging ein Rad des Pferdewagens zu Bruch, als daß sich ein Riß im kostbaren Putz zeigte. Dereinst hielten viele solcher Prellböcke unangebrachte Püffe von Wänden ab. Nicht

City-Klause, um 1985

nur in der Friedrichstraße. Wer Ritter nicht mochte, ließ an gefährdeten Ecken Drachen böse züngeln. Wilhelm Raabe schwärmte in seiner »Chronik der Sperlingsgasse« von dunklen, krummen Straßen: »Ich liebe sie, mit ihren Giebelhäusern und wundersamen Drachentraufen, mit ihren alten Kartaunen und Feldschlangen, die man als Prellböcke an die Ecken gesetzt hat.«

Zahlreiche von ihnen erlebten ihre Geburt im einst berühmten Eisenhüttenwerk Gottow bei Luckenwalde. Darüber steht geschrieben: »Noch vor dem Siebenjährigen Kriege ließ Friedrich II. das Eisenhüttenwerk, das die Zinnaer Mönche im Mittelalter dort besessen hatten, erneuern und ebenso wie die Hütte in Zehdenick oder den Eisendrahtzug Sophienhaus und den zu Carlsberg für die Landesverteidigung beschäftigen. Massenhaft wurde in Gottow das auf den Wiesen vorkommende Raseneisenerz verhüttet. Die Kugeln für den Siebenjährigen Krieg sind zum Teil dort gegossen worden und gleichfalls die ›eisernen Ritter‹.«

Über das Gottower Eisenwerk sind die Akten längst geschlossen. Doch noch nach dem zweiten Weltkrieg konnten vor dem ehemaligen Verwaltungsgebäude zwei der trutzigen Kerle bewundert werden. Die Hütte in Zehdenick stellte ihre Produktion vor 170 Jahren ein.

Ritter vor der City-Klause

Um so mehr dürfen wir uns freuen, in der Friedrichstraße vor der City-Klause zwei dieser alten Gesellen begrüßen zu können. Auf ihre Art sind sie ein Stück Heimatgeschichte.

Gegenüber zieht sich eine nur kurze, aber junge Nebenstraße durch ein Stückchen Neubaugebiet: die Claire-Waldoff-Straße, an der eine Büste an den »Berliner Spatz« erinnert, wie Kurt Tucholsky die Chansonette titulierte. An dieser Ecke hatte sich in der ersten Etage das Café Friederike etabliert und in der Nähe das Espresso vis-à-vis.

Weiter nördlich, auf der gleichen Seite, können wir ein Lokal mit bemerkenswerter Geschichte betreten: Im ehemaligen Ausländerlokal und in der jetzigen Speisegaststätte »Bärenschenke« – Friedrichstraße 124, am Oranienburger Tor – versuchten Mitglieder der Widerstandsgruppe »Rote Kapelle« ausländische Zwangsarbeiter für die illegale Arbeit zu gewinnen. Als die Gruppe 1942 aufflog, verhaftete die Gestapo 118 Frauen und Männer. Von den 75 Angeklagten sind 55 hingerichtet worden.

Dichtgemacht nach der Wende haben zwei renommierte Gaststätten: die Nationalitätengaststätte Wolga im Haus der sowjetischen Wissenschaften und Kultur (Friedrichstraße 176-179) und das Restaurant Peking an der Ecke Leipziger Straße. Das Aus für letztere wird von vielen Berlinern mit einem weinenden und einem lachenden Auge gesehen. Gelacht wird schadenfroh, weil das Peking geradezu empörend hohe Preise forderte und damit Otto Normalverbraucher und Emma Nebenan vom Besuch ausschloß. Stattdessen vergnügten sich dort Egon Krenz und Genossen sowie Besucher aus westlichen Breiten, die gewitzt den Wechselkurs nutzten. Geweint wird, weil Kenner der Materie glaubhaft versichern, daß im Peking die beste chinesische Küche von Groß-Berlin schmackhaftes Essen bereitete, und weil sich das gediegene Interieur mit den kunstvollen chinesischen Original-Schriftzügen erfreulich vom pseudo-asiatischen Kitsch pseudo-chinesischer Lokale abhob.

So manchen Eß- und Trinkfreudigen sowie Tanzwütigen wird das Café Stadtmitte an der gegenüberliegenden Ecke nicht aus dem Sinn kommen. Es hatte in den sechziger Jahren noch Niveau, sank dann zu einer besseren Stampe herab, um schließlich als Bauarbeiterkantine zu dienen. Bis es seine Pforten schloß.

Zwischen ehemaligem Checkpoint Charlie und Hallischem Tor hofft eine Menge kleinerer und mittlerer Gaststätten auf Kundschaft aus dem nunmehr offenen Teil der Stadt. Erwähnen wollen wir das Café Checkpoint an der Ecke Kochstraße, und das Café Adler an der Ecke Zimmerstraße, die nach dem Besuch des Mauer-Museums zum Verweilen und Nachsinnen über das Gesehene einladen.

Häusertelegramm Nr. 194/199 (erhalten)

Jürgen Bachmann errichtete das Haus Friedrichstadt an der Friedrich-Ecke Leipziger Straße im Jahre 1935. Dieser Bau entstand im Stahlskelett-Prinzip. Bekannt geworden ist es vor allem in den 50er Jahren durch das Restaurant und Café Stadtmitte.

Berliner auf der Barrikade

Daß die Berliner schnell auf die Barrikade gehen, ist allgemein bekannt. Allein, ehe dem hitzigen Wort die hitzige Tat folgt, da muß schon einiges geschehen. So in den Jahren 1848, 1918 und 1920.

Revolutionärer Geist wehte 1848 von Frankreich herüber. Im Februar hatte dort der König abdanken müssen, und es wurde die Republik ausgerufen. Die Berliner erwachten aus ihrem Biedermeier-Traum und begannen in Biergärten, literarischen Cafés und in den Zelten vor dem Brandenburger Tor heißblütig politisch zu diskutieren. In einer Volksadresse richteten sie neun Forderungen an den König:

1. Unbedingte Pressefreiheit
2. Vollständige Redefreiheit
3. Sofortige und vollständige Amnestie aller wegen politischer und Preßvergehen Verurteilten und Verfolgten
4. Freies Versammlungs- und Vereinigungsrecht
5. Gleiche politische Berechtigung aller, ohne Rücksicht auf religiöses Bekenntnis und Besitz
6. Geschworenengerichte und Unabhängigkeit des Richterstandes
7. Verminderung des stehenden Heeres und Volksbewaffnung mit freier Wahl der Führer
8. Allgemeine deutsche Volksvertretung
9. Schleunigste Einberufung des Vereinigten Landtages.

Den Revolutionären von 1989 werden diese Forderungen höchst bekannt vorkommen: Es sind – abgesehen von einigen Details – die ihren. Das belegt die oft gehörte Charakteristik, die Regierenden in der DDR hätten das Volk in eine feudalabsolutistische Zwangsjacke gesteckt.

Die Obrigkeit lehnte in jenen stürmischen Märztagen des Jahres 1848 jeden Dialog und wehrte jede Veränderung ab, weil sie Umsturz witterte. Meldungen aus Wien, wonach die dortige Revolution siegreich verlaufen sei, stifteten im Berliner Schloß weitere Unruh. Der Kaiser in Wien müsse einer Verfassung zustimmen? Fürst Metternich, der große Staatskanzler, sei zum Rücktritt gezwungen worden? Fatal, höchst fatal. Was tun?

Zu alledem litt das arbeitende Berlin angesichts der

prekären Wirtschaftslage bittere Not – wie die »Kartoffelrevolution« im Vorjahr bezeugte. Neben dem Bürgertum meldete auch die Arbeiterschaft ihre Forderungen an: »Wir werden nämlich von Capitalisten und Wucherern unterdrückt; die jetzigen bestehenden Gesetze sind nicht im Stande, uns vor ihnen zu schützen. Wir wagen daher Ew. Majestät unterthänigst vorzustellen, ein Ministerium bestellen zu wollen, das nur von Arbeitgebenden und Arbeitern zusammengesetzt werden darf und dessen Mitglieder nur aus beider Mitte selbst gewählt werden dürfen.«

Die Antwort auf die Volksadresse und die Arbeiterforderungen kam aus Gewehrläufen. Dagegen formierten sich die Berliner Barrikadenkämpfer von 1848: Schulter an Schulter standen der Tischler Flügge und der Bildhauer Dressler, der Schlosserlehrling Zinna und der Theologiestudent Monecke. Die Kraft der Schwachen lähmte die vermeintlich Starken im Schloß und erzwang den Abzug des Militärs aus der Stadt. Thronfolger und

Die Barrikade an der Kronen- Ecke Friedrichstraße, am 18. März 1848

Der 19jährige Schlossergeselle Wilhelm Glasewaldt und der 17jährige Schlosserlehrling Ernst Zinna verteidigen eine Barrikade an der Jäger- Ecke Friedrichstraße, am 18. März 1848

Kartätschenprinz Wilhelm, ab 1871 Kaiser Wilhelm I., floh entsetzt nach London. Nun durchwehte der Geist der Freiheit auch Berlin.

In der Friedrichstraße sollte ein tiefgestaffeltes Verteidigungssystem die Soldaten des Preußenkönigs zurückhalten. Eine der Barrikaden befand sich in Höhe der Jägerstraße (heutige Otto-Nuschke-Straße). Eine Gruppe Handwerker, Arbeiter und Studenten verteidigte sie, konnte sie aber nicht halten.

Den Rückzug deckten der erst 17jährige Schlosserlehrling Ernst Zinna und sein 19jähriger Freund Wilhelm Glasewaldt, ein Schlossergeselle. Der erstere hielt einen

Friedrich-Wilhelm IV.

verrosteten krummen Säbel in der Hand, der andere ein altes Gewehr.

Als die Gegner immer näher kamen, »feuerte der 19jährige Schlossergeselle seine Büchse auf die Andringenden los, erhielt aber fast unverzüglich einen Schuß, der ihm den linken Arm zerschmetterte und ihm die Fortsetzung des ungleichen Kampfes unmöglich machte«. Soweit ein Augenzeuge. Nun hatte die Barrikade nur noch einen Verteidiger von 17 Jahren.

»Beim Heranrücken des Militärs stürzt der Knabe plötzlich aus der Barrikade hervor und blindlings auf einen der voranmarschierenden Offiziere los, dem er, alle seine Kräfte zusammenraffend, mit seiner Waffe einen mächtigen Hieb in den Hals versetzt... Sogleich aber entladen sich sechs oder acht Gewehre auf den kühnen Knaben, welcher indessen, sich gewandt bückend, dem fast unvermeidlichen Tode wunderbar glücklich entgeht. Er rafft nun in der Eile drei große Pflastersteine auf und schleudert sie ... den nach der Taubenstraße (später: Johannes-Dieckmann-Straße) vordringenden Soldaten in offener Front entgegen. Ein behendes Ausweichen, das er nun versuchte, mißlang, von den vielen Kugeln, die man auf ihn abfeuerte, hat ihn die eine erreicht. Er verdeckt die heftig blutende Wunde des Unterlebs mit seinen beiden Händen und flüchtet sich in eine geöffnete

Barrikade an der Tauben-Ecke Friedrichstraße, am 18./19. März 1848

Haustüre, unerschrocken, kein Zeichen des physischen Schmerzes in seinen Zügen. Bald darauf verschied er.«

Dort, wo der junge Ernst Zinna kämpfte und sein Leben gab, dort erinnert in der Friedrichstraße ein schlichter Gedenkstein von Prof. Arno Mohr – in der Kunstschmiedewerkstatt von Prof. Kühn 1969 hergestellt – an die Revolutionäre von 1848.

Zu ihnen gehörte auch der große Arzt und Berliner Stadtverordnete Rudolf Virchow. Er hatte aus seiner humanistischen Einstellung nie ein Hehl gemacht. Als er in den vierziger Jahren die Ursachen einer Typhus-Epidemie erforschte, deckte er in einer Denkschrift unerschrocken die Zusammenhänge zwischen sozialer Lage der Betroffenen und der Krankheit auf. Sein Credo: »Die Medizin ist in ihrem innersten Kern und Wesen nach eine soziale Wissenschaft.« Scharfe Worte richtete Virchow gegen Fabrikanten und Junker, die zu wenig für die Gesundheit des Volkes taten. Er forderte die Regierung auf, finanzielle Mittel bereitzustellen, um das weitere Ausbrechen von Seuchen zu unterbinden.

Es versteht sich, daß solche offenen Worte bei der Obrigkeit nicht gerade wohlwollend aufgenommen wurden. Das Mißbehagen steigerte sich noch, als Virchow bei den Märzkämpfen nach dem Leitsatz »Als Naturforscher kann ich nur Republikaner sein!« auf der Seite der Berliner wider das preußischer Militär focht. In einem Brief vom März des Revolutionsjahres schilderte er seine Erlebnisse unter anderem in der Friedrichstraße:

»... Der Kampf begann, ich weiß nicht mehr genau wann, es mag gegen fünf Uhr gewesen sein. Zum erstenmal seit der Französischen Revolution des vorigen Jahrhunderts, zum erstenmal seit dem Beginn der deutschen Geschichte ist es vorgekommen, daß ein Landesfürst auf seine Unterthanen mit Kanonen hat schießen lassen; das Kleingewehrfeuer genügte nicht – nein, Kartätschen und Granaten ließ er in das Volk schleudern... Vor der Barrikade, welche die Friedrichstraße von der Taubenstraße sperrte und hinter der ich mich befand, stand das Königs-Regiment aus Stettin mit zwei Kanonen; in der Barrikade waren nur zwölf Büchsen, und doch wurde das Militär vor derselben länger als zwei Stunden zurückgeworfen... Überall haben sich die Berliner wie Löwen geschlagen; es

Straßenkämpfe Koch-Ecke Friedrichstraße, Januar 1919

sind soviel Heldentaten geschehen, daß man von einzelnen nicht reden kann.«

Der König war noch einmal davongekommen. Am 21. März ritt Friedrich Wilhelm IV. mit einer schwarz-rot-goldenen Armbinde durch Berlin und verkündete, er werde sich an die Spitze der deutschen Bewegung für Freiheit und Einheit setzen. Ob dabei seine Mundwinkel zuckten, ist nicht überliefert. Von den erkämpften Freiheiten, die in der Volksadresse an den König gefordert wurden, blieb ein Jahr später nach dem Einsetzen der Reaktion »wider den Zeitgeist des Liberalismus« beinahe nur das gar nicht verlangte, aber großherzig widerrufene Verbot des öffentlichen Rauchens übrig.

Das Aus für die Monarchie in Deutschland kam siebzig Jahre später, in der Novemberrevolution 1918, am Ende des ersten Weltkrieges. In jenen Jahren erbebte Berlin bei Massendemonstrationen gegen den auszehrenden Krieg und seine Verursacher, waren Streiks, Schießereien und Verfolgungen an der Tagesordnung. Die Friedrichstraße blieb davon nicht verschont, nicht unberührt, und zwar zumeist als Nebenstraße der Linden, auf der gewaltige Demonstrationszüge entweder in Rich-

10. November 1918, Revolutionäre Matrosen patrouillieren in der Friedrichstraße

tung Alexanderplatz oder zum Brandenburger Tor bzw. Reichstag strömten.

Chefredakteur Theodor Wolff vom »Berliner Tageblatt« schrieb damals: »Die größte aller Revolutionen hat wie ein plötzlich losbrechender Sturmwind das kaiserliche Regime mit allem, was oben und unten dazugehörte, gestürzt. Man kann sie die größte aller Revolutionen nennen, weil niemals eine so fest gebaute, mit so soliden Mauern umgebene Bastille so in einem Anlauf genommen worden ist. Es gab noch vor einer Woche einen militärischen und zivilen Verwaltungsapparat, der so verzweigt, so ineinander verfädelt und so tief eingewurzelt war, daß er über den Wechsel der Zeiten hinaus seine Herrschaft gesichert zu haben schien. Durch die Straßen von Berlin jagten die grauen Autos der Offiziere, auf den Plätzen standen wie Säulen der Macht die Schutzleute, eine riesige Militärorganisation schien alles zu umfassen, in den Ämtern und Ministerien thronte eine scheinbar unbesiegbare Bürokratie. Gestern nachmittag existierte nichts mehr davon.«

Den Leser dieser Zeilen wird die nahezu unglaubliche Parallele zwischen den Ereignissen von 1918 und denen von 1989 packen. Selbst die »solide Mauer« fehlt nicht! Es scheint, als könne sich die Geschichte wiederholen.

Wenige Jahre nach 1918 scheiterte der Versuch, das Errungene rückgängig zu machen. In der Nacht vom 12. zum 13. März 1920 erklärte Generallandschaftsdirektor Wolfgang Kapp sich zum Reichskanzler und die Regierung Ebert für abgesetzt. Den mitputschenden General Walther Freiherr von Lüttwitz, Reichswehrbefehlshaber von Berlin und Brandenburg, ernannte er zum Reichswehrminister. »Eine neue Regierung der Ordnung, der Freiheit und der Tat wird gebildet«, erklärte demagogisch der Rechtsradikale. Die obersten Repräsentanten der Republik flohen nach Dresden, dann nach Stuttgart, Berlin aber kämpfte gegen die Herren Kapp & Co.

An wichtigen Kreuzungen und Plätzen hatten Kapps Mittäter ihre Truppen konzentriert, zumeist mit Maschinengewehren bewaffnet. So auch am südlichen Ende der Friedrichstraße, am Halleschen Tor. Bald waren die Soldaten von einer dichten Menschenmenge umgeben, die erregt auf sie einredete. Ein Wort ergab das andere, Handgreiflichkeiten führten zur Eskalation, die Kapp-Truppe ließ die Waffen sprechen. Tödlich getroffen sank eine junge Frau zu Boden.

Am 17. März 1920 mußte »Reichskanzler« Kapp mit einem Flugzeug fliehen. Es landete in Schweden. Drei Tage noch ging der Generalstreik weiter. Erst nach folgenden Zusagen ist er von den Gewerkschaften beendet worden: Alle am Putsch Beteiligten sind zu entwaffnen und zu bestrafen; alle Freikorps müssen aufgelöst werden; Reichs-

Kapp-Truppen auf allen wichtigen Kreuzungen in Berlin, 1920

*Häusertelegramm
Nr. 41/42 (nicht erhalten)*

*An der Ecke Friedrich-
Kochstraße war 1802–05
das Königliche Friedrich-
Wilhelm-Gymnasium
gebaut worden. 1890 wich
es der Spitzhacke und
machte dem Geschäftshaus
Friedrichshof Platz.
Restaurant und Café
Friedrichshof genossen
einen guten Ruf, weil sie
»fast an indische Bauten«
erinnerten, wie die üppige
Architekturpracht Ende
vorigen Jahrhunderts
beschrieben wurde.*

wehrminister Noske ist zu entlassen; die Wirtschafts- und Sozialgesetzgebung ist auszubauen.

Auch der inzwischen mit vielfältigen Interpretationen versehene 17. Juni 1953 hinterließ in der Friedrichstraße seine Spuren. Ausgangspunkt der Ereignisse war – aber lassen wir SED-Generalsekretär Walter Ulbricht selbst auf der Tagung des Berliner Parteiaktivs der SED am 16. Juni 1953 im Friedrichstadt-Palast zu Wort kommen: »...ab Sommer 1952 wurde Kurs genommen auf den beschleunigten Aufbau des Sozialismus... Eine Reihe Planaufgaben, die für die Jahre 1954 und 1955 vorgesehen waren, wurde auf das Jahr 1953 vorverlegt, und Aufgaben, die im Fünfjahrplan überhaupt nicht vorgesehen waren, wurden zusätzlich beschlossen...

Der Versuch, die aus dem falschen Kurs entspringenden Widersprüche zu lösen, führte zu einer Reihe fehlerhafter Maßnahmen, zu verschärften Methoden der Eintreibung der Ablieferungsrückstände, verschärften Methoden der Steuererhebung, was dazu führte, daß viele Einzelbauern nicht mehr an der ordnungsgemäßen Weiterführung ihrer Wirtschaften interessiert waren. Es wurden Überspitzungen im Sparsamkeitsregime durchgeführt, wie zum Beispiel die Beschränkung der Fahrpreisermäßigungen für Arbeiter, Schwerbeschädigte, Schüler, Lehrlinge usw., Verschlechterungen auf dem Gebiet der Sozialversicherung, Entzug der Lebensmittelkarten für einen großen Teil des Mittelstandes, eine unzureichende Belieferung der Privatindustrie und der Handwerksbetriebe mit Rohstoffen, die Sperrung langfristiger Kredite für Einzelbauern und Privatunternehmer und anderes. Die Fehler korrigierte die Regierung der Deutschen Demokratischen Republik durch ihre Beschlüsse am 11. Juni.«

Weiter sagte Walter Ulbricht im Friedrichstadt-Palast, es sei richtig, die Arbeitsproduktivität zu erhöhen, »aber es ist falsch, auf administrativem Wege Normenerhöhungen zu verfügen«. Deshalb habe das SED-Politbüro in einer Sitzung am 16. Juni 1953 beschlossen, der Regierung vorzuschlagen, die Anordnungen auf obligatorische Erhöhung der Arbeitsnormen als unrichtig aufzuheben. Auf der gleichen Veranstaltung gestand auch SED-Vorsitzender und Ministerpräsident Otto Grotewohl schwere

17. Juni 1953, Demonstranten in der Friedrichstraße

Fehler ein, die korrigiert werden müßten, um künftig die Flucht nach dem Westen und die Unzufriedenheit der Bevölkerung einzudämmen.

Ob die Teilnehmer der beklemmenden Veranstaltung auf ihrem Nachhauseweg in der Friedrichstraße ahnten, daß die Worte in den Wind gesprochen waren, daß es bis zum bitteren Ende 1989 beim ewigen Administrieren bleiben sollte? Und vor allem: daß es längst zu spät war; denn das Volk stand auf, der Sturm brach los.

Bauarbeiter und viele andere zogen am 17. Juni nicht zur Arbeit, sondern ins Zentrum der Stadt. Sie wollten Vertreter der Regierung sprechen. Nur Minister Selbmann und Staatssekretärin Walther wagten den Dialog, wurden aber niedergeschrien. Zur Mittagszeit verhängte der sowjetische Stadtkommandant den Ausnahmezustand. Panzer rollten durch Berlin. Schriftsteller Erich Loest erinnert sich: »Im Regen kamen die Panzer. Sie rollten von den Linden her die Friedrichstraße hinunter zum Checkpoint Charlie (da irrte allerdings Herr Loest, denn der Checkpoint Charlie existierte zu dieser Zeit noch nicht, d. A.) und bogen zum Potsdamer Platz. Es waren Dutzende, gewiß donnerten bis zum Abend Hunderte in den Grenzbogen vom Ulbrichtstadion über das Brandenburger Tor, den Potsdamer Platz bis zur Warschauer Brücke hinein, und Kuba und Zimmering, Armin Müller und Loest traten auf die Straße und begrüßten die

Panzer mit erhobener Faust... Der stellvertretende Ministerpräsident Otto Nuschke war aus dem Auto gezerrt und nach Westberlin verschleppt worden – Berlin hatte seinen wildesten Tag seit dem Mai 1945 erlebt. Nun kamen wieder die roten Panzer.«

Auch Stefan Heym schrieb in seinem Buch »5 Tage im Juni« über diese bewegte Zeit, in der die Plebejer den Aufstand probten, wie Günter Grass meinte.

17. Juni 1953, Demonstranten haben einen Kiosk angezündet, Friedrich- Ecke Zimmerstraße

17. Juni 1953, Sowjetische Panzer am gleichen Ort

Sektorengrenze Friedrich-Ecke Zimmerstraße; auf östlicher Seite patrouillieren Posten der Kasernierten Volkspolizei, 1956

Checkpoint Charlie

Ungewöhnliche Hektik erlebte die Friedrichstraße in jener lauen Sommernacht des Jahres 1961. Lastkraftwagenfahrer donnerten durch die Dunkelheit, Jeeps und Polizeiwagen jagten vorweg. Ein Teil der Truppen hatte am Bahnhof Endstation, eine weitere Formation zweigte an den Linden ab und preschte zum Brandenburger Tor. Der noch ansehnliche Rest setzte seine Fahrt bis zur Zimmerstraße fort. Militärische Kommandos erfüllten die Luft. In fieberhafter Eile entstanden – zunächst provisorische – Straßensperren, die sich öffnen ließen. Bald war die Friedrichstraße nicht mehr in beiden Richtungen passierbar. Es mochte die dritte oder vierte Stunde des 13. August sein.

Jetzt endlich liegen auch geheime und streng geheime Papiere vor, die über damalige Befehle beredt Auskunft geben. Alle Übergänge zwischen der Hauptstadt der DDR, auch demokratisches Berlin genannt, und Westberlin sind zu schließen und pioniermäßig zu sperren, heißt es in einem dieser Berichte.

Sinnigerweise sollten dreizehn offene Kontrollpunkte eingerichtet werden, einer davon im Bereich Friedrich-Ecke Zimmerstraße. Er bekam nach amerikanischer Nomenklatur einen Namen, der bald bekannt war: Checkpoint Charlie.

Spezielle Sicherungskommandos, Kräfte der Volks-

CHECKPOINT CHARLIE 181

polizei, der Kampfgruppen der Arbeiterklasse, Funkstreifenwagen und Schnellkommandos hatten Befehl, von Ost nach West keinen mehr passieren zu lassen und »jede Provokation« zu zerschlagen. Alle »Ansammlungen, Gruppierungen und Zusammenrottungen an der Grenze nach Westberlin und in der Tiefe sind energisch und grundsätzlich zu verhindern«. Eingerichtet wurden blitzschnell sogenannte »Filtrierpunkte zur Überprüfung der von den Sicherheitskräften zugeführten Personen«.

Eindeutig belegen die nach der Wende veröffentlichten Dokumente, was jeder Klardenkende wußte: Die Mauer war kein Wall gegen Faschisten, sie war ein Damm gegen die nie versiegende Flut von enttäuschten Ausreisewilligen oder Republikflüchtigen, wie sie im Bürokratenjargon diesseits der Mauer hießen. Die Mächtigen sahen nach deren Bau eine Chance, das versprochene Klein-Paradies auf Erden nun endlich zu realisieren. Wobei als Maßstab erstaunlicherweise stets der Westen herangezogen wurde – der eine wollte als Erfinder der Wurst am Stiel im Sauseschritt an den USA vorbeiziehen, der andere, Entdecker einer sozialistischen Menschengemeinschaft, sah das Heil darin, die Bundesrepublik zu überholen, ohne sie einzuholen.

Nun aber stand erst einmal die Mauer, und man konn-

In den Tagen nach dem 13. August 1961 während des Mauerbaus: US-Soldaten stehen NVA-Angehörigen gegenüber; Friedrich- Ecke Zimmerstraße, später »Checkpoint Charlie«

Mauerbau an der Friedrichstraße, August 1961

te den jetzt Eingesperrten unmöglich die Wahrheit sagen. Also schickte die allmächtige SED-Spitze sofort ihre Agitatoren los. Sie sollten – mit ihr die Propaganda-Instrumente Fernsehen, Rundfunk und Zeitungen – die realsozialistische Sicht auf die Dinge weitergeben. Unterm Arm trugen oder im Sinn hatten sie eine Rede, in der die gewünschten Argumente enthalten waren. Auch längs der Friedrichstraße tauchten die Parteisekretäre mit ihren Weisheiten auf.

Alles, was die Befehle aussagten, wurde jetzt auf den Kopf gestellt. Das Bauwerk richtete sich gegen Kopfjäger, Spionage- und Sabotageorganisationen sowie gegen Menschenhändler, moderne Sklavenhändler, in Westberlin. »Der Dolch im Fleische der DDR wird ihnen aus den Pfoten geschlagen«, hieß es im klassenkämpferischen Vulgärton der vorbereiteten Argumentation. Die Maßnahmen seien »ein empfindlicher Schlag gegen den westdeutschen Militarismus«, und »das Wutgeheul der Revanchisten und Militaristen beweist, wie sehr sie getroffen sind, und wir sagen ganz offen, ihr Wutgeheul ist Musik in unseren Ohren... Die Hetze gegen unsere Republik wurde ins Maßlose gesteigert, die Stör- und Wühltätigkeit erreichte ein nicht zu überbietendes Maß, der Menschenhandel, die Kopfjägerei, Kindesentführungen wurden auf die Spitze getrieben.«

Der Selbstbetrug steigerte sich zu einer Aussage, die das beherrschte Volk noch mehr zu Marionetten degradierte: »Es gibt keine Kraft der Welt, die die rote Fahne von unseren Betrieben und auch nicht vom Brandenburger Tor wieder einholen könnte.« 28 Jahre sollte das Gegenteil bewiesen werden.

Höhnisch und verlogen wandte sich das ausgearbeitete Einheitsreferat gegen jene Zehntausende Ostberliner, die im Westteil der Stadt ihre Arbeitsstätten hatten. Manche schon seit dem Krieg, manche erst seit wenigen Jahren, weil sie mit dem günstigen Umtausch-(oder Schwindel-)Kurs prächtig leben konnten. Sie hätten nun keinen »Freibrief zur Weiterführung der Arbeit für die Profitjäger, Menschenhändler und Rüstungsproduzenten in Westberlin« mehr. Manche der Grenzgänger, wie sie damals hießen, bekamen im wahrsten Sinne des Wortes

Amerikanische und sowjetische Panzer stehen sich am Checkpoint Charlie gegenüber, 28. Oktober 1961

Blick auf den Kontrollpunkt, 1969

»die Arbeiterfaust zu spüren«. Zeitungsberichte aus jenen Tagen sprechen eine deutliche Sprache! Aufgewiegelt waren die Schläger von jenen Agitatoren, die mit dieser Rede durch die Betriebe eilten. Aufputschend heißt es darin: »Aber die Faust denen, die Provokateure sind!«

Bar jeder Menschlichkeit wischten diese Agitatoren Hinweise auf verwandtschaftliche und freundschaftliche Beziehungen vom Tisch. »Um es ganz deutlich zu sagen, wie die Dinge liegen, geht es in erster Linie nicht darum, ob Onkel Max Tante Trude besuchen kann oder nicht.« Bezeichnenderweise haben die Realsozialisten auch im Jahre 1989 und danach kein einziges bedauerndes Wort für die Opfer der Mauer oder die zerschnittenen Familien- und Freundschaftsbande gefunden. Die das Wort »Im Mittelpunkt steht der Mensch« wie ein Stereotyp im Munde führten – wo war ihr Herz? »Wer nicht hören will, muß fühlen!« drohten sie stattdessen.

Mit der größten aller Lügen endete das Pamphlet: »Lange und voller revolutionärer Ungeduld haben die Genossen der Berliner Parteiorganisation, haben die Arbeiter Berlins gedrängt, daß endlich entschiedene Maßnahmen zum Schutze unserer friedlichen Arbeit und zur Bändigung unserer Klassenfeinde ergriffen werden... In der Deutschen Demokratischen Republik wird der Sozialismus siegen, aber in Westdeutschland werden die Hitlergenerale, die Großgrundbesitzer und Ausbeuter zugrunde gehen.« Nach 28 Jahren nutzten keine Ausflüchte, keine Agitatorenreden, keine Mauer mehr etwas; die zu spät kamen, wurden vom Leben bestraft.

Interne Situationsberichte zeigten der Berliner SED-Spitze, was sich unter anderem in der Friedrichstraße abspielte. An der Ecke Unter den Linden standen Diskussionsgruppen empörter Berliner. »Wartet nur ab, heute ist es noch ruhig«, soll einer gesagt haben. Und: »Nehmt die Waffen in die Hand, die Westberliner sind freier als wir. Jetzt sieht man wenigstens, wer verantwortlich ist für die Spannungen.« Nicht wenige sagten: »Das Ganze geschieht nur, um die Republikfluchten zu verhindern. Das ist eine Verletzung der persönlichen Freiheit.« Am 14. August hieß es in einem Situationsbericht unter anderem über die Lage in der Friedrichstraße: »Bei Auseinandersetzungen bis zu Tätlichkeiten mit diesen Jugendlichen wurden ca. 100 Jugendliche zwangsgestellt. Bei der Überprüfung der Personalausweise zeigte es sich, daß ein Teil dieser Jugendlichen aus der DDR kamen (man beachte auch hier die feine Differenzierung Berlin – DDR – d. A.), wovon die meisten aus Leipzig waren.«

Von besonders revolutionärer Wachsamkeit schien ein Beobachter gewesen zu sein, der jugendliche Motor-

Die Grenzkontrollanlage im Jahr 1987, vom Dach des Hauses Friedrichstraße 206 aus gesehen

Die Mauer neben dem Grenzkontrollpunkt, Blick in die Zimmerstraße mit dem CDU-Verlagsgebäude der »Neuen Zeit«, 1987

radfahrer im Bereich Friedrichstraße ausmachte, die »offenbar von einer Stelle gelenkt wurden. Die verdächtigsten Fahrzeuge im Bereich Friedrichstraße und Unter den Linden waren Motorroller, Typ Java mit den Kfz-Kennzeichen: IN 98-05 und IS 12-42. Die Fahrer der Motorroller hielten ständig Verbindung mit einem PKW, Marke Wartburg mit der Nummer IB 90-70.« Was mit diesen Denunzierten geschah, ist vorstellbar.

In der »Information über die Stimmung in der Bevölkerung vom 23. August« lasen die Parteioberen Klartext: »Hauptgegenstand der Diskussion ist, daß nunmehr die Familien ganz auseinandergerissen sind. Stärker kommt in der Diskussion hervor, daß wir die endgültige Spaltung vollzogen haben... Zu verzeichnen ist, daß Frauen, die religiös gebunden sind, am wenigsten bejahend zu den Maßnahmen stehen. Sie bringen das Argument: ›Die Menschlichkeit wird dadurch verletzt – das können wir nicht unterstützen‹.«

Wie reagierte die SED auf diese Hinweise? Indem Hans Kiefert vor Parteifunktionären am 28./29. September 1961 sagte: »Der 13. August hat gezeigt: Alles, was die Deutsche Demokratische Republik macht, ist richtig.« Leider ist nicht überliefert, ob die Teilnehmer der Veranstaltung spontan in den Gesang eingestimmt haben: »Die Partei, die Partei, die hat immer recht...«

Am 18. September gab die Bezirkseinsatzleitung Berlin einen Bericht über die Kampfgruppen, also auch über jene Genossen Kämpfer, die am Checkpoint Charlie auf

Nr. 206 um 1900, um 1980, heute

Häusertelegramm Nr. 206 (erhalten)

Die Inschrift »Apotheke zum weissen Adler – kurfürstlich privilegiert 1696« ist irreführend, denn zu damaliger Zeit stand der jetzt sorgfältig restaurierte Barockbau mit ursprünglich zwei Geschossen noch gar nicht. Die Apotheke zog 1822 in das Haus und blieb dort bis in die siebziger Jahre unseres Jahrhunderts. Glücklicherweise wurde das jetzt älteste Haus Kreuzbergs von der Abrißwut verschiedenster Zeiten verschont. Es beherbergt heute Ateliers des Berufsverbandes Bildender Künstler und das Café Adler.

»Friedenswacht« standen. Großzügig sah der Berichterstatter darüber hinweg, daß sich etwa zehn Stunden nach Alarmauslösung noch nicht einmal jeder zweite Genosse Kämpfer bewaffnet im Konzentrierungsraum befand. Er wußte den Frieden ja in sicheren anderen Händen. Nein, so mußte man sie sehen: »In der bedingungslosen Durchführung der ihnen erteilten Kampfaufträge brachten sie ihre Zustimmung zu den Maßnahmen von Partei und Regierung zum Ausdruck und bewiesen ein hohes Maß an Klassenbewußtsein.« Letzteres war auch bitter vonnöten, wie der Berichterstatter feststellen mußte: »Die Versuche des Gegners, unsere Kämpfer zum Desertieren zu veranlassen, sie zu bestechen, sie durch den Einsatz von Prostituierten von der Wachsamkeit abzulenken ... scheiterte an der politischen und moralischen Festigkeit der Kämpfer.«

Solche Standfestigkeit wurde natürlich belohnt: »Die Verbindung mit der Bevölkerung wurde ... immer breiter und herrlicher.« Nicht nur mit der Bevölkerung schlechthin, wußte der Berichtende höchst dankbar auszuführen: »Große Zustimmung fand der Besuch bedeutender Künstler und Schriftsteller wie Mathilde Dannegger, Hans-Peter Minetti, Bodo Uhse, Bruno Apitz und Stephan Hermlin bei den Einheiten im Quartier und unmittelbar an der Grenze. Durch diese Begegnungen haben auch die Künstler wichtige Impulse für ihr schöpferisches Schaffen erhalten.«

Die Genossen Kämpfer sind ja dann bald abgezogen worden, und Grenztruppen übernahmen das Regime: Sie bauten und bauten am Grenzübergang Friedrichstraße, bis sie sicher sein konnten, daß Grenzdurchbrüche auch ohne Schußwaffengebrauch vereitelt werden konnten. Bevor es soweit war, machte sich dieser und jener auf, unter Einsatz seines Lebens das abgeriegelte Land zu verlassen. Einer der ersten war ein Reporter der Tageszeitung »Neue Zeit«, deren Redaktion, Setzerei und Druckerei direkt am Übergang für die Alliierten und für Diplomaten lag. Bewußter Reporter hatte eine Delegation von östlichen Grenzbesichtigern fotografieren sollen, was er natürlich nur tun konnte, wenn er sich zwischen Grenzstrich und Delegation postierte. Er fotografierte, daß es eine Lust war, ging – wie von ungefähr – weiter und weiter rückwärts, auf den weißen Strich zu. Einige Warnrufe ertönten, vergeblich, der Mann stakste weiter. Er dürfte der einzige Republikflüchtige gewesen sein, der rückwärts in den Westen gelangte.

Andere wagten sich von der Setzerei herabzulassen und die Mauer via Zimmerstraße zu überwinden. Die Folge: Kurze Zeit darauf zierten stramme Eisengitter die Fenster. Selbst die in der obersten Etage, in der ein Generaldirektor sein Büro hatte. Mißtraute man auch ihm? Man kann ja nie wissen; denn nur wenige hundert Meter weiter hatte sich vom Haus der Ministerien ein Wagemutiger mitsamt Familie vom Dach in den Westen abgeseilt.

Im Oktober 1961 nahm die politische Spannung in der Stadt, in Europa, in der Welt explosiv zu. Am Checkpoint Charlie reckten sowjetische und amerikanische Panzer drohend ihre Geschützrohre gegeneinander. Man warf sich gegenseitig vor, die jeweils andere Berlin-Hälfte widerrechtlich in den eigenen Einflußbereich gezogen zu haben. Zum Glück siegte die Vernunft und die Erkenntnis, dem anderen nicht den eigenen Standpunkt aufzwingen zu können. Die Panzer verschwanden.

Immer mal wieder tauchten Politiker von Rang am Checkpoint Charlie auf. Im Juni 1963 machte sich USA-

Das Museum Haus am Checkpoint Charlie, Friedrichstraße 44

Feier zur Auflösung des Checkpoint Charlie; die Ehrengäste (von links nach rechts): Bürgermeisterin von Berlin-West Ingrid Stahmer, der britische Außenminister Douglas Hurt, der amerikanische Außenminister James Baker, der Außenminister der (Noch-)DDR, Markus Meckel (am Rednerpult), der französische Außenminister Dumas, der Außenminister der BRD, Hans-Dietrich Genscher, der sowjetische Außenminster Eduard Schewadnardse, der (Ober)Bürgermeister von Berlin-Ost, Tino Schwierdzina; am 22. Juni 1990

Präsident John F. Kennedy ein Bild davon, was die Mauer wirklich bedeutete. Mit seinem berühmt gewordenen Satz »Ich bin ein Berliner« versicherte er die (West-) Berliner der Solidarität der Vereinigten Staaten von Amerika und vermittelte ihnen das Gefühl von Sicherheit inmitten einer ihnen nicht gerade freundlich zugetanen Umwelt.

Vor dem Schöneberger Rathaus sagte der Präsident: »Es gibt viele Menschen auf der Welt, die wirklich nicht verstehen oder sagen, daß sie nicht verstehen, worin der große Unterschied zwischen der freien Welt und der Welt des Kommunismus besteht. Laßt sie nach Berlin kommen... Die Freiheit bringt viele Schwierigkeiten mit sich, und die Demokratie ist nicht vollkommen, aber wir haben niemals eine Mauer bauen müssen, um unsere Menschen zurückzuhalten, um sie daran zu hindern, uns zu verlassen.« Die Mauer sei nicht nur ein politisches, sondern ein menschliches Problem. »Sie trennt den Freund vom Freund, den Bruder von der Schwester, die Mutter von der Tochter. Sie ist nicht nur ein Verstoß gegen die Geschichte, sie ist ein Verstoß gegen die Menschheit. Und früher oder später wird sie fallen.« Am 9. November 1989 verwirklichte sich seine Prophezeiung.

Was in der Zwischenzeit, in 26 langen Jahren, am Checkpoint Charlie und anderen Stellen der Mauer geschehen war, das dokumentiert die Arbeitsgemeinschaft 13. August in ihrem Museum in der Friedrichstraße 44 und mit zahlreichen Publikationen des Verlages Haus am

Das amerikanische Kontrollhaus am ehemaligen Checkpoint Charlie entschwebt, 22. Juni 1990

Checkpoint Charlie. Selbstredend ist die erwähnte Arbeitsgemeinschaft von der östlichen Seite verteufelt worden, weil sie Untaten an der Mauer publik gemacht hat. Nichts tat den Herrschenden mehr weh als die einfache Darstellung der Wirklichkeit – und noch dazu von der anderen Seite, die ja als Feind gesehen wurde.

Das Museum »Haus am Checkpoint Charlie«, die meisten nennen es kurz Mauer-Museum, erinnert an Opfer von Grenzzwischenfällen und zeigt Fluchtobjekte unterschiedlichster Art: ein Mini-U-Boot, zwei Heißluftballons, ein selbstgebautes Flugzeug, Fluchtautos mit vergrößertem Tank und anderes mehr.

In der Ausstellung »Maler interpretieren die Mauer«

ist zu sehen, wie sich Künstler mit dem Bauwerk auseinandersetzten, unter ihnen Kokoschka, Hajek, Vostell und Kolar.

Generalkonservator Dr. Goralczyk machte dem Museum am 7. September 1990 ein Geschenk besonderer Art: Er übergab einen Grenzbunker und andere Teile von Grenzanlagen in einem Freiland-Museum »Mahnmal deutsch-deutsche Grenze«. Bleibt zu hoffen, daß die Stadtväter Berlins diesem Projekt weitere Aufmerksamkeit schenken werden. Es sollte nicht verschwinden, was die Berliner fast drei Jahrzehnte lang quälte

Rußland mitten in Berlin

Seit seiner Eröffnung am 6. Juli 1984 hat das markante Bauwerk mit dem etwas umständlichen Namen »Haus der sowjetischen Wissenschaft und Kultur« in der Friedrichstraße 176-179 eine bewegte Geschichte hinter sich und eine ungewisse Zukunft vor sich. Sie hängt u.a. vom Ausgang der Umgestaltungsprozesse in der Sowjetunion ab und davon, ob die Mieten weiterhin raketenhaft nach oben jagen.

Augenfällig sind die Veränderungen an den Straßenecken. Da verschwand sang- und klanglos an der Ecke Otto-Nuschke-Straße eine Stätte russischer Gastfreundschaft, das Nationalitätenrestaurant »Wolga«. Wer trotz Prohibition im Mutterland auf seine 'sto Gramm kristallklaren sowjetischen Wodka und auf perlenden Sekt nicht verzichten wollte, der konnte ihn sich hier servieren lassen. Wie auch die stilechte Soljanka, die manche der Phantasieprodukte von deutschen Gaststättenköchen schlicht in die Töpfe verwies. Die Herde sind erkaltet, die Stühle stehen auf den Tischen – lassen wir uns überraschen, was uns dort demnächst geboten wird.

An der Johannes-Dieckmann-Straße schloß die ständige Exportmusterschau wohl für immer ihre Pforten. Interessierten Besuchern hatte sie einen Überblick darüber gegeben, was in der großen Sowjetunion an begehrlichen Waren hergestellt wurde. Natürlich beschlich die meisten Gäste das Gefühl, wie bei der Leipziger Messe nur das zu sehen, was man im eigenen Lande nicht bekommen konnte, es sei denn, man verfügte über Devisen oder über kaufkräftige Verwandte im westlichen Ausland.

Es mutet wie ein Sinnbild an: Die sowjetische Wirtschaft liegt am Boden, die ständige Exportmusterschau muß schließen, und stattdessen eröffnet das bekannte Juwelierhaus »Christ« im März 1991 ein strahlend helles Fachgeschäft mit gleißenden und tickenden Pretiosen. An der Eröffnungsparty nehmen der sowjetische Botschafter Wladimir Terechow und die erste gesamtdeutsche Miß Germany teil, das Fräulein Leticia Koffke aus Brandenburg. Selbstbewußt verkündet die Geschäftsleitung von Christ Juweliere und Uhrmacher: »Auf der Friedrichstraße, das scheint nun sicher, kommt Ähnliches zustande wie vor 100 Jahren, als die Hauptgeschäftsstraße infolge der Reichsgründung geradezu explodierte. Neue Gründerjahre stehen bevor. Wir sind stolz, als einer der ersten hier ein Luxusgeschäft zu eröffnen.« Dabei ließ es die Geschäftsleitung nicht bewenden. So zitierte sie den New Yorker Stadtsoziologen Peter Marcuse: »Wenn Berlin Hauptstadt wird, geht alle Wandlung von der Friedrichstraße aus. Spätestens zur Jahrhundertwende ist die Friedrichstraße die teuerste deutsche Straße.« (Apropos teuer. Die Preise der Christ Collection bewegen sich zwischen 29 und 180 000 Mark für das Einzelstück.)

Kommen wir zum nächsten Punkt der bewegten Geschichte. Er ist nicht zu sehen, und doch weiß jeder (Ost-) Berliner davon. Kurz nach der Eröffnung des Hauses begann ein Stern zu strahlen, neben dem jedes Juwel von Christ verblaßt, sei es auch noch so raffiniert geschliffen. Der Stern erster Größe trägt den Namen Michail Gorbatschow. Ohne frommen Christen zu nahe treten zu wollen: Er schlug wie weiland Martin Luther seine Thesen zwar nicht an die Wittenberger Schloßkirche, wohl aber an die vernagelten Türen der Realsozialisten. Er öffnete in seinem Riesenreich Tür und Fenster und ließ die erfrischende Luft der Wahrheit hineinströmen. Dabei erkältete sich die ewig junge Garde der SED- und Staatsführungsmannschaft kräftig. Während der eine hüstelte, man brauche sein Zimmer nicht zu tapezieren, nur weil

Häusertelegramm Nr. 179 (nicht erhalten)
Um die Jahrhundertwende ließen Firmen, Gesellschaften und dergleichen an der Friedrichstraße ihre Geschäftshäuser bauen, die gleichzeitig Läden und Mietwohnungen enthielten. Ein Beispiel dafür liefert die Firma Mey & Edlich aus Leipzig. An der Ecke Taubenstraße (später: Johannes-Dieckmann-Straße) eröffnete sie ein Warenhaus unter dem Slogan »Bekleidung für jedermann«.

es dem Nachbarn gefällt, seins neu zu bekleben, sprach der andere Hüter der hehren Ideale mal eben ein Verbot der sowjetischen Zeitschrift »Sputnik« aus. Feige unterschob er das Verdikt seinem Postminister, der davon justament am 70. Geburtstag – aus der Zeitung erfuhr.

Wahrheiten brechen sich Bahn. Das weiß man nicht erst seit Luther oder gar erst seit Gorbatschow. Bahnbrecher in Berlin waren jüngst die sowjetische Nachrichtenagentur Nowosti im Haus des Berliner Verlages am Alexanderplatz, die sowjetische Botschaft Unter den Linden und eben das Haus mit dem etwas umständlichen Namen. Es ist sicher nicht bekannt, wieviele Tonnen bedruckten Papieres als höchst begehrte Konterbande aus den Einrichtungen geschmuggelt wurden. Man las die Broschüren und Bücher Gorbatschowscher Erkenntnisse, diskutierte sie und gab sie weiter. Auch solches bereitete die Wende vor.

Die Oberen setzten probate Verbote dagegen. Auf einmal hieß es nicht mehr »Von der Sowjetunion lernen, heißt siegen lernen«, sondern, man solle das Haus in der Friedrichstraße nicht mehr aufsuchen. Unter fadenschei-

Das Haus der sowjetischen Wissenschaft und Kultur in der Friedrichstraße 176/179, 1990

nigem Sicherheitsvorwand standen plötzlich drei Grünuniformierte vor dem Eingang und begehrten zu wissen, was man dort wolle, forderten den Personalausweis als Legitimation.

Das zunächst brav-biedere Haus der sowjetischen Wissenschaften und Kultur wurde zu einer vorrevolutionären Adresse. Noch dazu, als dort der Film »Die Reue« gezeigt wurde, der im »Neuen Deutschland« böse verrissen wurde. Von der Friedrichstraße 176-179 nahmen Bücher, Broschüren, Zeitschriften und dergleichen ihren Weg in viele Städte und Dörfer. Wahrheit brach sich Bahn.

Nicht allein aus diesen verständlichen politischen Gründen zählte das sowjetische Kultur- und Informationszentrum außerhalb der UdSSR allmonatlich Tausende Besucher. Viele begehrten und bekamen Informationen darüber, was das Leben in der Sowjetunion ausmacht, wie es um die Wirtschaft steht, was in der Kultur geschieht, wie die Jugend lebt, sich vergnügt oder leidet, was für die Betagten getan wird, ob die Umwelt wirklich gefährdet ist. Sagten sich Schriftsteller wie Aitmatow oder Rasputin an, füllte sich das riesige Haus im Nu.

In Salons kann man sich mit Musik, Malerei, bildender Kunst und Grafik der Staatengemeinschaft beschäftigen, und in der Wissenschafts- und Belletristik-Bibliothek warten 40 000 Bände in russischer und deutscher Sprache auf Ausleiher. Wer das Gebäude betritt, wird von der verschwenderischen Raumgestaltung überrascht sein oder verwundert den Kopf schütteln. Mit Platz wurde nicht gespart. Vorherrschend sind Marmor und Holz sowie Gipsschmuck an den Wänden. Werke der bildenen Kunst ziehen Blicke auf sich. Sicher werden Moskau-Kenner an die großzügig gestalteten, keinesfalls uneleganten Metro-Stationen erinnert.

Im Berlin von Morgen, das seine Zukunft in einem europäischen Haus haben wird, sollte dieser Platz den sowjetischen Gästen erhalten bleiben. Damit würde Berlin seiner Rolle als Mittler zwischen West und Ost, Ost und West gerecht.

Ein Adreßbuch guter Namen: Wer an oder in der Friedrichstraße wohnte

In alten Zeiten gehörte es einfach zum guten Ton, mehrmals im Leben sein Domizil zu wechseln. Erst später knurrten die Berliner ob solcher Aussicht zornig: Dreimal umziehen ist wie einmal abgebrannt. Nicht zuletzt bestimmte der Geldbeutel, wann die Möbelträger zu bestellen waren. In der Nähe der Linden galt die Friedrichstraße als erste und damit teuerste Adresse, an den Stadttoren forderte man weitaus weniger an Wohnzins. Zahlreiche Persönlichkeiten und noch mehr Unbekannte nahmen für kurze oder längere Zeit Wohnung in der Friedrichstraße.

Ludwig Börne

Als der Schriftsteller des Vormärz, der politische Publizist, Feuilletonist und Kritiker, nach unruhigen Journalistenjahren im Frühjahr 1828 zum zweiten Male nach Berlin kam, waren etwa zwanzig Jahre seit seiner ebenso leidenschaftlichen wie unglücklichen Liebe zur schönen, damals bereits 39jährigen Henriette Herz vergangen. Der Medizinstudent hatte sich nach dem Tode ihres Mannes offenbart und ihre ablehnenden Worte so verstanden, daß er nun über eine mütterliche Freundin verfügen könne. (Karoline Bauer: »Begreiflich aber war mir, daß der siebzehnjährige Ludwig Börne die um volle zweiundzwanzig Jahre ältere Henriette Herz bis zum Wahnsinn ... lieben konnte.«) Börne wohnte diesmal beim Buchhändler Logier in der Friedrichstraße 161 und besuchte selbstredend die inzwischen 64 Jahre alte Henriette. Sie unterrichtete täglich zwei Stunden die Kinder bedürftiger Eltern und lud jeden Mittwoch arme Studenten zum Essen ein, obwohl sie selbst nicht vermögend war. »Ihr faltenreiches Gesicht erschien mir als ein Vorhang, hinter dem sich ihre einstige Schönheit verbarg.« Am 29. April verabschiedete er sich für immer von ihr. Da Börnes Vermieter dessen übermäßiges Rauchen wenig schätzte, zog der Publizist bald aus.

Chamissos Gartenhaus in der Friedrichstr. 238, 1885

In der Friedrichstraße 235 wohnte ein Naturwissenschaftler und Dichter, den Henriette Herz so beschrieb: »Ein Mann mit lang herabhängendem Haar, unrasiert, in einem schlechten Kalmucken-Flausch, die Botanisiertrommel über die eine Schulter, über die andere einen Kasten gehängt, welcher, wie ich später erfuhr, ein Teleskop enthielt. Es war Chamisso.« Die Botanisiertrommel verweist – und wer weiß schon davon? – auf Chamissos eigentlichen Lebensinhalt, seine wissenschaftliche Arbeit als Botaniker. Drei Jahre lang kreuzte er mit einem Expeditionsschiff durch die pazifischen Inselgruppen, um Menschen und Pflanzen kennenzulernen. Als er 1818 nach Berlin zurückkehrte, hatte sein »Peter Schlemihl« die Spitze der – sagen wir – Bestsellerliste erobert und er nicht weniger als 2 500 gesammelte Pflanzen als wissenschaftlichen Ertrag seiner Reise im Gepäck. Das erregte Aufsehen bei der Fachwelt. Am 25. September 1819 heiratete der fast 40jährige die nur halb so alte Antonie Piaste, eine Pflegetochter seines Freundes Hitzig. Sie schenkte ihm sieben Kinder. An Uhland schrieb Chamisso am 5. Januar 1821 recht zufrieden: »Ich erhielt eine kleine Anstellung im Botanischen Garten, nahm mir ein wackeres deutsches Mädchen zum Weibe und lebe nun an der Wiege meines Kindes und in

Adelbert von Chamisso

Gärten und Herbarien ein Leben, das recht genügen möchte.« Chamissos Eltern hatten nach der Französischen Revolution von 1789 ihr Vaterland verlassen. So erklärt sich sein Hinweis auf die Heirat eines »wackeren deutschen Mädchens«. Seine nach Frankreich zurückgekehrten Geschwister hatten vergeblich versucht, ihn über eine standesgemäße Heirat mit einer Französin zurück in sein Geburtsland zu holen. Ein Jahr nach der Geburt seines Sohnes Hermann (1832) erkrankte Chamisso schwer an einer Grippe, von der er sich nicht mehr erholen konnte. Im Mai 1837 starb seine erst 37 Jahre alte Frau, ein Jahr darauf schloß er am 21. August 1838 in seinem Haus in der Friedrichstraße 235 seine Augen für immer. Beide erhielten ihre letzten Ruhestätten auf dem Jerusalemer Friedhof vor dem Halleschen Tor. In der Nähe befinden sich die Gräber des Sohnes Hermann und des Freundes E. T. A. Hoffmann. »Zur Feier seines hundertjährigen Geburtstages (1881 – d. A.) hat die Reichshauptstadt, in welcher er seine zweite Heimat gefunden, das Haus in der Friedrichstraße 235 ... mit seinem charakteristischen Bildnisse geschmückt«, heißt es in einer Literaturgeschichte. »1888 ist ihm auf dem Monbijouplatz ein noch schöneres Denkmal, eine von Julius Moser aus weißem cararischem Mamor gemeißelte Kolossalbüste, gesetzt worden.« Zum Wohnhaus in der Friedrichstraße gehörte ein von Kastanienbäumen gesäumtes Gartenhaus, in und vor dem sich Chamisso gern aufhielt.

Friedrich Engels

Fragwürdige Bilderstürmer entfernten gewaltsam vom Haus Friedrich- Ecke Clara-Zetkin-Straße (früher:Dorotheenstraße) eine Gedenktafel. Sie erinnerte daran, daß hier in der ersten Hälfte des vorigen Jahrhunderts Friedrich Engels gewohnt hatte. Er war im September 1841 nach Berlin gereist, um seiner Militärdienstpflicht als Einjährig-Freiwilliger zu genügen. In seiner dienstfreien Zeit besuchte er Vorlesungen an der Universität und fand dort Anschluß an den Kreis der Junghegelianer. Aufmerksam sah er sich in Berlin um. Nach sechswöchiger

Dienstzeit durfte Engels in genanntem Haus Privatquartier beziehen. Er fühlte sich wohl darin, wie diese Briefzeilen belegen: »Ich wohne überhaupt ganz angenehm, eine Treppe hoch, ein elegant möbliertes Zimmer, dessen vordere Wand aus drei Fenstern besteht, zwischen denen nur schmale Pfeiler sind, so daß es sehr hell und freundlich ist.« Gleichzeitig erfuhr seine Schwester, an die der Brief gerichtet war, was ihr lieber Bruder beim Blick aus dem Fenster sah: »Vor meinem Hause liegen eine Menge Droschken und halten das Standquartier daselbst. Die Droschkiers sind gewöhnlich besoffen und amüsieren mich sehr.«

In seiner dienstfreien Zeit besuchte Friedrich Engels Berliner Bühnen (»Das hiesige Theater ist sehr schön, ausgezeichnete Dekorationen, vortreffliche Schauspieler, aber meist schlechte Sänger. Deswegen gehe ich auch selten in die Oper«), genoß Konzerte (»Daß der Herr Liszt hier gewesen ist und durch sein Klavierspielen alle Damen entzückt hat, wirst Du wohl noch nicht gehört haben. Die Berliner Damen sind aber so vernarrt gewesen, daß sie sich im Konzert um einen Handschuh von Liszt, den er hatte fallenlassen, komplett geprügelt haben.«), hörte an der Universität unter anderem den Berliner Philosophen Schelling und setzte sich kritisch mit ihm auseinander.

Gedenktafel für Friedrich Engels, Friedrich- Ecke Clara-Zetkin-Straße, von Bilderstürmern 1990 beseitigt

Gern weilte Engels im »Berliner Lese-Cabinet« in der Behrenstraße. Nur wenige Schritte hatte er von seiner Wohnung über die Friedrichstraße dorthin zu gehen.

Nach Ende der Dienstzeit verließ Engels im Oktober 1842 Berlin. Bis zu seinem nächsten Besuch der Stadt sollte gut ein halbes Jahrhundert vergehen: Vom 16. bis 28. September 1893 wohnte er bei August Bebel. In einem Brief bezeichnete Engels Berlin von außen als wirklich schön, »selbst in den Arbeitervierteln lauter Palastfronten«. Unangenehm fiel ihm das sogenannte Berliner Zimmer auf, »diese in der ganzen Welt unmögliche Herberge der Finsternis, der stickigen Luft und des sich darin behaglich fühlenden Berliner Philistertums«. Erfreut stellte er fest: »August hat keins.«

Johann Gottlieb Fichte

Mit seinen berühmt gewordenen vierzehn Reden »An die deutsche Nation« plädierte der Philosoph an Sonntagvormittagen im Saal des Akademiegebäudes, Unter den Linden 38, für »eine gänzliche Veränderung des bisherigen Erziehungswesens, damit die gesunkene Nation sich aufrichte zu einem neuen Leben«. Berlin war in jenem Winter 1807/08 von napoleonischen Truppen besetzt. Fichte gehörte zum Kreis der Berliner Patrioten, die geistige Grundlagen für die Befreiungskriege legten. Nicht nur in der Theorie, sondern auch ganz praktisch wollte er die Besetzer vertreiben helfen. Freiwillig meldete er sich zum Landsturm. Geschichtsschreiber Adolf Streckfuß beschrieb ihn mit diesen Worten: »Fichte ... kam aufs abenteuerlichste bewaffnet, um auch seine körperliche Kraft wie seine geistige dem Vaterlande zu widmen. Ein breiter Ledergurt, der fast einem Küraß glich, umschloß seinen Leib, zwei gewaltige Pistolen sowie ein mächtiger Pallasch, der hinter ihm auf dem Steinpflaster herrasselte und Funken daraus schlug, vollendeten seine Bewaffnung.« An seiner Seite wußte er Schleiermacher, Niebuhr, Schadow und andere. Die Berliner nannten die verwegene Truppe »Gelehrtenkohorte«. Glücklicherweise ist sie in Kampfhandlungen nicht verwickelt worden.

Im Jahre 1809 wurde Fichte als Professor an die Universität berufen und 1811/12 deren erster gewählter Rektor. Um seiner Universität möglichst nahe zu sein, nahm er im Königlichen Friedrich-Wilhelm-Institut in der Friedrichstraße 139-141 eine Wohnung. In ihr verstarb er überraschend am 29. Januar 1814 an Typhus. Unter einem Obelisken aus der Königlichen Eisengießerei – vermutlich stammt der Entwurf von Schinkel – fand er seine letzte Ruhestätte auf dem Friedhof der Dorotheenstädtischen und Friedrichswerderschen Gemeinden vor dem Oranienburger Tor.

E. T. A. Hoffmann

Kapellmeister, Gesangslehrer, Komponist, Zeichner, Bühnenbildner, Theaterdirektor, Jurist, Dichter – all diese Berufe und Berufungen vereinte im vorigen Jahrhundert nur ein Mann auf sich: E. T. A. Hoffmann, der 1776 in Königsberg geboren worden war. Nach dem Studium der Rechtswissenschaften ging er 1802 nach Posen, zeichnete dort Karikaturen auf preußische Offiziere, wurde strafversetzt nach Warschau, verweigerte eine Ergebenheitsadresse an Napoleons Truppen und mußte den Dienst quittieren. Das trieb ihn 1807 nach Berlin und dortselbst in die schlichte Zwei-Zimmer-Wohnung in der Friedrichstraße 179. Doch im »menschenleeren, geldarmen Berlin« fand er keine Anstellung. So schrieb er einem Freunde und klagte: »Seit fünf Tagen habe ich nichts gegessen als Brot.« Er verließ Berlin wieder, und kehrte erst in späteren Jahren zurück. Im Schauspielhaus am Gendarmenmarkt erlebte er die Aufführung seiner romantischen Oper »Undine«. Eine enge Freundschaft verband ihn mit dem Schauspieler Ludwig Devrient, der dem Trunke ergeben war. Beide trafen sich im Kreise Gleichgesinnter regelmäßig in der berühmten Weingaststätte Lutter und Wegener, die im zweiten Weltkrieg zerstört wurde.

Seine erste Berliner Wohnung bezog der Mediziner im Jahre 1800 in der Friedrichstraße 130. Er übernahm an der Berliner Charité eine klinische Anstalt und machte alsbald als Leibarzt des Königs auch außerhalb der Residenzstadt von sich reden. Angebote europäischer Herrscherhäuser – so etwa vom russischen Zaren –, eine Leibarztstelle einzunehmen, lehnte er freundlich, aber bestimmt ab. Als Schiller im Jahre 1804 in Berlin war, besuchte er Hufeland zweimal in dessen Wohnung in der Friedrichstraße. Dabei kümmerte sich der Arzt intensiv, wohl aber vergeblich um den Gesundheitszustand des großen Dichters – nur wenige Monate später verstarb dieser im Alter von 46 Jahren in Weimar.

Hufeland folgte 1810 dem Ruf Wilhelm von Humboldts an die neugegründete Universität; er wurde zum Dekan der medizinischen Fakultät ernannt. Nach seinen Tode im August 1836 ist er auf dem Dorotheenstädtischen Friedhof an der Chausseestraße beigesetzt worden. Eine Straße im Bezirk Prenzlauer Berg trägt seinen Namen.

Christoph Wilhelm Hufeland

Alexander von Humboldt

Er war der letzte in der Reihe gelehrter Persönlichkeiten, die das Wissen ihrer Zeit zu überschauen vermochten, und hatte zeit seines Lebens ein recht kritisches Verhältnis zu seiner Heimatstadt Berlin. Der 1769 Geborene unternahm von Paris aus mit dem französischen Botaniker Bonpland von 1799 bis 1804 seine berühmte Amerikareise, die ihn unter anderem nach Cuba, Kolumbien, Mexiko und in die USA führte. In der dreißigbändigen (!) Ausgabe seiner wissenschaftlichen Reiseberichte beleuchtete er das Verhältnis zwischen Natur und Gesellschaft, nahm für die Unterdrückten und Sklaven Partei und bejahte die Befreiungsbewegung in den spanischen Kolonien. Nach dieser Reise mietete Alexander von Humboldt in der Friedrichstraße 139 eine Wohnung, und zwar – wie Varnhagen von Ense in sein Tagebuch schrieb – »in einem Seitenhaus des Georgschen Gartens« in der Nähe der Weidendammer Brücke. Dieser Garten war Teil eines Gebäudekomplexes, den der Rentier George in der Friedrichstraße 139-141 errichten ließ. Nicht lange hielt es den Gelehrten dort. Auf Bitten des russischen Zaren bereiste er das Ural-Altai-Gebiet. In späteren Jahren wohnte Alexander von Humboldt in der Oranienburger Straße 67, wo er am 6. Mai 1859 starb. Seine sterblichen Überreste befinden sich neben denen seines Bruders Wilhelm im Camposanto der Familie von Humboldt in Tegel.

Heinrich von Kleist

Der Dichter hatte wenig Glück, eine Existenz zu gründen. Als Sohn einer altadligen Offiziersfamilie 1777 in Frankfurt (Oder) geboren, trat er als erst 16jähriger in die preußische Armee ein, war jüngster gefreiter Korporal bei der Garde, und zwar mehr aus Familientradition, denn aus eigenem Antriebe. Acht Jahre später nahm er seinen Abschied gegen den heftigen Protest seiner Familie und reiste nach Frankreich und in die Schweiz. In der Schweiz entstand nicht allein der »Zerbrochene Krug«, sondern auch der Wunsch, »im eigentlichen Verstand ein Bauer zu werden«. Das schlug ebenfalls fehl. 1802/03 machte er, wieder in die Heimat zurückgekehrt, Bekanntschaft mit Wieland, Goethe, Schiller. Nach einer zweiten

Schweiz-Reise 1803 traf er – gesundheitlich stark angegriffen – in Potsdam und 1804 in Berlin ein. Hier nahm er in der Friedrichstraße 123 eine Wohnung und verdingte sich im Finanzministerium. Allerdings auch nur für kurze Zeit, dann verließ Kleist die große Stadt. Am 21. November 1811 wählte er am Wannsee bei Potsdam gemeinsam mit seiner Freundin Henriette Vogel den Freitod. Beider Grab ist dort zu besichtigen

Franz Kugler

Der Kunsthistoriker und Dichter gehörte der Literaturgesellschaft »Tunnel« an und führte Theodor Storm in den Kreis der Erlauchten ein. Kugler wohnte im schwiegerväterlichen Haus, Friedrichstraße 242, im Obergeschoß. Ihm verdanken wir das volkstümliche Lied »An der Saale hellem Strande«. Fontane beschrieb dieses Wohnhaus mit den Worten: »Lauter stille Häuser, aber eins war ein allerstillstes: gelb, zweistöckig und mit einer Mansarde auf dem Dach... Weißgescheuerte Stufen führten in den ersten Stock, und durch die offenstehende Tür, die in den altmodischen, nach hinten hinaus führenden Torweg eingeschnitten war, sah man, über den Hof weg, in einen wenig gepflegten, aber desto behaglicheren Garten hinein.«

Kuglers Schwiegervater war der bekannte Verleger und Schriftsteller Eduard Hitzig. Er gestaltete mit befreundeten Dichtern – Chamisso, E. T. A. Hoffmann, Fouqué, Alexis und anderen – zunächst sogenannte Serapionsabende und später die literarischen Mittwochsgesellschaften. Übrigens gab Hitzig als Kriminaldirektor am preußischen Kammergericht zusammen mit Alexis den »Neuen Pitaval« heraus, eine Sammlung interessanter Kriminalfälle.

Nach langen Leidensjahren, die Kugler im Krankenstuhl verbringen mußte, starb er 1848 in seinem Haus, das 1893 abgerissen wurde. Sein Grab befindet sich auf dem Dorotheenstädtischen Friedhof.

Max Reinhardt

»Berlin ist eine wahrhaft herrliche Stadt – Wien mehr als zehnmal multipliziert. Echt weltstädtisches Gepräge, immenser Verkehr, durchgehend der Zug ins Großartige und dabei praktisch und gediegen.« – Der junge Max Reinhardt, gerade als Schauspieler an das Deutsche Theater verpflichtet, schrieb enthusiastisch diese Zeilen. Was er schilderte, lag vor seiner Tür, und die befand sich im Hause Friedrichstraße 134.

Apropos Schauspieler. Ekkehard Schall, berühmter Mime aus dem Brecht-Ensemble, hat seit Jahr und Tag seine Wohnung in der Friedrichstraße 133, gegenüber dem Friedrichstadt-Palast.

Moritz Gottlieb Saphir

Ein Tunnel im Hause Friedrichstraße 164? So etwas war im Berlin des vorigen Jahrhunderts möglich. Moritz Gottlieb (eigentlich Moses) Saphir, Satiriker, Lyriker und Feuilletonist, gründete im Eckhaus Friedrich-Behrenstraße 1827 zunächst den literarischen »Berliner Sonntagsverein«, der sich ein Jahr später »Tunnel über der Spree« nannte. Ihm gehörten zeitweilig Theodor Fontane, Adolph Menzel, Theodor Hosemann und andere an. Selbstgestellte Aufgabe des Vereins: »Der Tunnel ist das geweihte Gebiet, wo alle Zeitkämpfe ruhen und wo alle Genossen sich still und liebevoll der friedlichen Aufgabe widmen: Pflege des Schönen in der Dichtkunst und Prosa-Literatur durch eigene schöpferische Tätigkeit und durch möglichst unbefangene Beurtheilung der zum Vortrag kommenden Geistesprodukte, hier ›Späne‹ genannt.« Sie erhielten Zensuren der Skala: sehr gut, gut, schlecht, verfehlt. Fontane berichtete, daß von fünf vorgetragenen Arbeiten vier »verfehlt« waren. Der Tunnel existierte bis 1898, also immerhin siebzig Jahre.

Karl Friedrich Schinkel

Wie kein zweiter Baumeister gab Karl Friedrich Schinkel (1781-1841) der Stadt Berlin das Antlitz einer Großstadt, die Vergleiche mit Paris oder Wien nun nicht mehr zu scheuen brauchte. Man denke an die Neue Wache in der Prachtstraße Unter den Linden, an das Alte

Museum am Lustgarten, das er selbst als seine beste Arbeit bezeichnete, an das neuerbaute Schauspielhaus am Gendarmenmarkt, an die Friedrichswerdersche-Kirche am gleichnamigen Markt, die jetzt das Schinkel-Museum beherbergt, an die ehemalige Schloß- und spätere Marx-Engels-Brücke, die mit ihrem Figurenschmuck wieder zu den Glanzpunkten Berlins zählt, und an die etwas abseits vom Trubel liegende St.-Elisabeth-Kirche in der Invalidenstraße, die noch ihrer Restaurierung harrt. Nach seiner Hochzeit mit Susanne Berger wohnte Schinkel ab 1809 eine zeitlang in der Breiten Straße, zog von dort in das Haus »Zum Stelzenkrug« am Alexanderplatz 45 und schließlich weiter in die Friedrichstraße 99 und dann in das Haus 67 der Straße Unter den Linden. Seine Grabstätte befindet sich auf dem Dorotheenstädtischen Friedhof.

Carl Ludwig Schleich

Sein Credo war: »Es muß zu erreichen sein, daß der Tod nur ein Leben fordert, das ausgelebt war!« Die Rede ist von jenem Mediziner, der eine noch heute angewandte Methode zur örtlichen Betäubung entdeckte und der uns seine Lebenserinnerungen »Besonnte Vergangenheit« hinterließ. Vor seiner Entdeckung – die übrigens zunächst auf Ablehnung stieß – eröffnete Schleich 1889 im Hause Friedrichstraße 250 eine Privatklinik für Chirurgie und Frauenheilkunde. Er lebte mit einer ungeliebten Ehefrau und einer behinderten Schwägerin zusammen. Ob ihn das bewog, Zuflucht im Alkohol zu suchen? Nachdem er mehrere Male in trunkenem Zustand Opfer von Straßenräubern geworden war, versteckte seine Frau die Hosen, um ihn am Verlassen des Hauses zu hindern. Endgültig tat das der Chirurg im Jahre 1922, als er starb. Auf dem Südwestfriedhof in Stahnsdorf wurde er bestattet.

Friedrichstraße 114-116, Photographie von F. A. Schwartz, um 1870

Friedrich Ferdinand Albert Schwartz

Ganz und gar in der Friedrichstraße zu Hause war der berühmte Fotograf Schwartz. Er wurde am 12. Januar 1836 in der Friedrichstraße 165 als Sproß einer Fotografen-Familie geboren. Sein Onkel, Heinrich Ferdinand Schwartz, unterhielt in den Jahren 1851/52 in der Friedrichstraße 185 ein Fotoatelier. Knappe zehn Jahre später tat es ihm sein Neffe gleich: Im ausgebauten Dachgeschoß des Hauses Friedrichstraße 73 eröffnete er sein eigenes Atelier, es lag nahe, von diesem Hause die Kamera in alle Richtungen zu schwenken, was der junge Schwartz auch tat. So wissen wir, daß sich in der Jägerstraße (später Otto-Nuschke-Straße) des Jahres 1865 zwei- bis dreigeschossige Häuser mit kleinen Läden und einer Apotheke befanden. Deutlich sichtbar auf den Bildern sind jene anrüchigen Rinnen, die den Unrat aus den Häusern aufnahmen, bis Virchow endlich die Kanalisation durchgesetzt hatte. Als der Fotograf Maria Juliane Groben heiratete und sich 1862 und 1864 Nachwuchs einstellte, zog man in die Friedrichstraße 115, in die Nähe des Oranienburger Tores. Schwartz blieb seiner Tradition treu und fotografierte auch hier die unmittelbare Umgebung, so die Häuser Friedrichstraße 114 bis 116. Wir sehen eine »Cigarren- und Tabacks-Niederlage«, ein Magazin fertiger Herren-Garderobe, die alte Borsig-Fabrik und jede Menge Lastwagen mit Hafermotoren. 1906 verstarb der Fotograf.

Im Sommer wohnte er an der Rückseite des Parks von Sanssouci in Potsdam, im Winter war er in Berlin, in der Friedrichstraße 208 anzutreffen: der vielseitig begabte Dichter, Kritiker und Theoretiker der Romantik. Professor Rudolf Köpcke, Freund Tiecks und Herausgeber seiner nachgelassenen Schriften, schilderte 1855 dieses ältere Haus in der Friedrichstraße 208: »Auf dem Hausflur und der breiten Treppe herrschte noch die bequeme Raumverschwendung früherer Zeiten. Das Geländer der Treppe lief in eine kolossale Lyra aus... Seine Wohnung war weitläufig, die ganze Zimmerreihe eines Stockwerkes hatte er inne. Schon seine Bibliothek erforderte einen bedeutenden Raum; Bücher waren sein Hauptbesitztum und ein Hauptschmuck der Zimmer. Bis zur Decke hinan erfüllten sie die Wände. Die selteneren waren in dem eleganten Salon aufgestellt, in welchem er abends die Vorlesungen hielt. Im Studierzimmer umgaben ihn die Bücher, mit denen er sich vorzugsweise beschäftigte. Über dem Schreibtisch hing das jugendliche Gemälde von Novalis, auf der anderen Seite ein Bild seiner Tochter Dorothea... Die Lust, mimisch zu agieren, zeigte sich auch in der Liebhaberei für Bleisoldaten... Durch Kauf und Geschenk kam er in den Besitz eines bleiernen Heeres, für das eigene Kisten und Tische angefertigt werden mußten. Auch das war Selbstironie; während ihm im Leben das militärische Wesen zuwider war, unterhielt er sich mit den Abbildern desselben im Spiele.« In seiner Wohnung empfing Tieck unter anderem Alexander von Humboldt. Der preußische Hof, der Tieck 1841 nach Potsdam und Berlin berufen hatte, vergaß ihn im Alter. Aus Geldnöten mußte er sich von seiner geliebten Bibliothek trennen. Als fast Achtzigjähriger starb er im April 1853 in eben diesem Hause. Seinen letzten Weg nahm er durch das Hallesche Tor zu den dortigen Friedhöfen.

Ludwig Tieck

Das Ehepaar Karl August und Rahel hatte zwischen 1819 und 1827 vom Kaufmann Metcke das Wohnhaus in der Friedrich- Ecke Französische Straße 20 gemietet. Ihr Salon gehörte zu den geistigen Zentren des damaligen Berlins. Alles, was Rang und Namen hatte,

Varnhagen von Ense

kam hierher, um Meinungen über Kunstwerke auszutauschen, über aktuelle politische Tagesereignisse zu diskutieren und mancherlei mehr. Zu den gern gesehenen Gästen gehörten Alexander von Humboldt, Chamisso, Fichte, Hegel und Schleiermacher. Am 4. April 1821 hatte sich Heinrich Heine als Student in die Matrikel der Berliner Universität eingetragen. Auch er fand bald Anschluß an den Varnhagenschen Salon. Dort traf er die geistige Elite Berlins. Er debattierte mit Eduard Gans, dem späteren Professor an der Berliner Universität, über die Hegelsche Dialektik. Rahel machte Heinrich mit den Werken Goethes bekannt. Das Ehepaar betrachtete es als seine Aufgabe, Heines »Ernst zu stärken und seine Schmerzensausbrüche zu mäßigen, und darin hat besonders Rahel viel getan«. Dankbar nahm der junge Dichter diese einfühlsame Hilfe entgegen. In einem Brief teilte er mit: Varnhagen »ist ein Mann, dessen äußere Stellung, Charakter, Kritik und Loyalität das höchste Vertrauen verdient«. Er sei der einzige, »auf den ich, in diesem falschen Neste, mich verlassen kann«.

In seinen ergötzlichen Briefen aus Berlin schenkte Heinrich Heine 1822 auch der Friedrichstraße seine Aufmerksamkeit: »Jetzt sehen Sie mal rechts und links. Das ist die große Friedrichstraße. Wenn man diese betrachtet, kann man sich die Idee der Unendlichkeit veranschaulichen. Laßt uns hier nicht zu lange stehenbleiben. Hier bekömmt man den Schnupfen. Es wehet ein fataler Zugwind zwischen dem Halleschen und dem Oranienburger Tore.«

Literaturhinweise

Adler, Hans: Berlin in jenen Tagen. Kongreß-Verlag, Berlin 1959
Andreas-Friedrich, Ruth: Schauplatz Berlin. Suhrkamp-Verlag, Frankfurt am Main 1984
Asmus, Gesine: Hinterhof, Keller, Mansarde. Rowohlt-Verlag, Reinbek bei Hamburg 1982
Baedecker, Karl: Berlin und Umgebung. Verlag Karl Baedecker, Leipzig/Ostfildern-Kemnat 1878, 1891, 1914, 1936, 1991
Berger, Joachim: 750 Jahre Berlin freiheitlich & rebellisch. Goebel-Verlag, Berlin 1986
Berlin und seine Bauten. Hg.: Architektenverein zu Berlin und Vereinigung Berliner Architekten, Ernst & Sohn, Berlin 1896
Consentius, Ernst: Alt Berlin Anno 1740. Schwetschke & Sohn, Berlin 1907
Dehio, Georg: Bezirke Berlin/DDR und Potsdam. Akademie-Verlag, Berlin 1983
Dronke, Ernst: Berlin. Rütten und Loening, Berlin 1953
Fontane, Theodor: Gesammelte Werke. Fischer-Verlag, Berlin 1920
Geist/Kürvers: Das Berliner Mietshaus 1740/1862, 1862/1945, 1945/1989. Prestel-Verlag München 1990
Geschichte Berlins. Verlag C. H. Beck, München 1987
Hessel, Franz: Spazieren in Berlin. Buchverlag Der Morgen, Berlin 1979
Heßlein; Rogan: Berühmte und berüchtigte Häuser in Berlin. Golde-Buchhandlung, Berlin 1909
Heym, Stefan: 5 Tage im Juni. Buchverlag Der Morgen, Berlin 1989
Justinus, Oskar: Berliner Pflaster. Berlin 1891
Keiderling; Stulz: Berlin 1945-1968. Dietz-Verlag, Berlin 1970
Kertbeny, C. v.: Berlin wie es ist. Natorff und Comp., Berlin 1831
Kiaulehn, Walter: Berlin – Schicksal einer Weltstadt. Beck-Verlag, München 1976
Klein, Tim: 1848. Verlag Langewiesche-Brandt, München/Leipzig 1914
Knobloch, Heinz: Der Berliner zweifelt immer, Buchverlag Der Morgen, Berlin 1977
Kunstführer Berlin, Philipp Reclam jun., Stuttgart 1977

Lange, Annemarie: Berlin zur Zeit Bebels und Bismarcks. Dietz-Verlag, Berlin 1972
Lange, Annemarie: Das Wilhelminische Berlin. Dietz-Verlag, Berlin 1967
Lemke/Poppel: Berliner U-Bahn. Alba-Publikation, Düsseldorf 1985
Lindenberg, Paul: Berlin in Wort und Bild. Ferd. Dümmlers Verlagsbuchhandlung, Berlin 1895
Löschburg, Winfried: Unter den Linden. Christoph Links Verlag, Berlin 1991
Ludwigg, Heinz: 40 Jahre Wintergarten. Eigenbrödler-Verlag, Berlin 1928
Mehls, Hartmut: Im Schatten der Mauer. Deutscher Verlag der Wissenschaften, Berlin 1990
Mitter/Wolle: Ich liebe Euch doch alle! BasisDruck, Berlin 1990
Müther, Hans: Berlins Bautradition. Das Neue Berlin, Berlin 1956
Schneidereit, Otto: Paul Lincke und die Entstehung der Berliner Operette. Henschelverlag, Berlin 1974
Springer, Robert: Berlins Straßen, Kneipen und Clubs im Jahre 1848. Gerhardt-Verlag, Berlin 1950
Streckfuß, Adolf: 500 Jahre Berliner Geschichte. Albert Goldschmidt, Berlin 1900
Strohmeyer, Klaus: Berlin in Bewegung. Rowohlt-Verlag, Reinbek bei Hamburg 1987
Szatmari, Eugen: Das Buch von Berlin. Piper, München 1927
Volk, Waltraud: Berlin – Historische Straßen und Plätze. Verlag für Bauwesen, Berlin 1972
Wahnrau, Gerhard: Berlin – Stadt der Theater. Henschel-Verlag, Berlin 1957
Zedlitz, Leopold von: Neuestes Conversations-Handbuch für Berlin und Potsdam. Eisersdorff, Berlin 1834

Peter Mugay

Jahrgang 1940, befaßt sich als Journalist und Publizist seit Jahrzehnten mit der Berliner Historie. Er unternahm mit seiner »Berliner Musike« einen Streifzug durch die Musikgeschichte seiner Heimatstadt, stellte in seinem Buch »Kirchen, Könige und Kanonen« evangelische Kirchgemeinden in der Berliner Stadtgeschichte vor und verfaßte zahlreiche Zeitungs- und Rundfunkbeiträge zu dieser Thematik.

Bildnachweis

Archiv des Autors: 8, 14, 15, 16, 17, 29, 42, 43, 44, 50, 57, 73, 74, 75, 117, 120, 122, 126, 128, 134, 141, 142, 149, 153, 159, 196, 206
Archiv Herbert Fiebig : 22, 23, 33, 55, 86, 94, 107
Archiv des Kreuzberg-Museums: 25, 28
Archiv Wolfgang Thurn: 9, 13, 21, 24, 35, 39, 45, 72, 78, 81, 88, 90, 91, 119, 123, 135, 137, 139, 143, 146, 148, 154, 155, 199, 200
Bildarchiv Preußischer Kulturbesitz: Einband, Vorsatz, Nachsatz
Archiv Bernd Oeburg: 140
Nelly Rau-Häring: 185, 186
Wolfgang Thurn: 20, 34, 36, 40, 41, 48, 51, 56, 61, 79, 83, 96, 97, 98, 100, 103, 105, 106, 107, 110, 113, 114, 115, 127, 145, 146, 164, 165, 167, 187, 189, 190, 193, 198, 207, 208
Ullstein Bilderdienst: 19, 46, 47, 80, 93, 94, 95, 129, 130, 138, 178, 179, 180, 181, 182, 183, 184
Verlagsarchiv: 7, 11, 12, 22, 24, 25, 26, 28, 29, 30, 32, 35, 36, 37, 38, 49, 52, 53, 54, 58, 59, 63, 64, 67, 68, 71, 76, 77, 84, 89, 92, 102, 108, 109, 123, 133, 145, 151, 157, 161, 169, 170, 171, 172, 174, 175, 176, 188, 195, 196, 200, 202

Internationales Handelszentrum GmbH Berlin

Die Chance, mitten in Berlin ein komfortables Büro zu betreiben, ungestört zu verhandeln, zu tagen, auszustellen, angenehm zu speisen –
wir bieten Sie Ihnen.
Und damit selbstverständlich den Service, der effizient Ihre Wünsche erfüllt.

Welcome Anytime

Friedrichstr. 95 O-1086 Berlin Telefon: 2096-2170, (030)2643-2170;
Telefax: 2096-2222/2224, (030)2643-2222/2224; Telex 1143-87/-94

Winfried Löschburg
Unter den Linden
Geschichten einer berühmten Straße

304 Seiten mit zahlreichen Abbildungen, Pappband
glanzfolienkaschiert, fadengeheftet, 13,5 x 19 cm,
ISBN-3-86153-024-4, DM 29,80

Obwohl nur einen Kilometer lang, bündelt sich auf dem berühmten Boulevard der Hauptstadt deutsche Zeitgeschichte wie nirgends sonst: Könige und Diktatoren nahmen hier die Paraden ab, Persönlichkeiten aus Kultur und Wissenschaft stritten in den Cafés, Diplomaten verhandelten über das Schicksal der geteilten Nation, große Firmen schlossen weitreichende Verträge ab.
Winfried Löschburg führt den Leser von der Spree bis zum Brandenburger Tor unter den Linden entlang und läßt dabei die wechselvollen Ereignisse noch einmal lebendig werden. Anhand von Augenzeugenberichten, Dokumenten und Anekdoten zeichnet er ein facettenreiches Zeitpanorama quer durch die Jahrhunderte.

Im Christoph Links Verlag, Berlin

9216   29.80